3万円からの民泊投資術

暮らしのジャーナリスト・FP
高橋 洋子著

WAVE出版

民泊とは…
はじめまして
ジャーナリスト&FPの高橋洋子です。自宅で「民泊」をはじめました!
空き家
空き部屋
都内 3DK 68㎡ 6年前にリノベーション
空き部屋や空き家に宿泊すること
夫婦二人暮らし
間取り
1F
浴室
トイレ
洗面所
洋室1
洋室2
ココ
2F
DK
リビング
目指すは月5万〜10万円
今まで、夫婦で使っていた1Fの寝室を片付けて外国人に貸すことで副収入を得よう!
ところで民泊には2種類あります!!
※その他種類も詳しくは本文で
①家主同居型(ホームステイ型)
一つ屋根の下…
ゴミや騒音など管理しやすい
目が行き届かずトラブルも…
②家主不在型
マンションの空き部屋を貸す等…
で、うちはホームステイ型に挑戦!
日本は… 2:8 の割合 ※2016年9月現在

ホームステイ型民泊	VS	賃借(不動産投資)
宿泊料 月5万 / 元本3万	収入 / 元本(初期費用)	家賃 月5万 / 元本300万
利回り2000%!? 春休みは3倍 月15万になるケースも	利回り 繁忙期なら!?	利回り20% 家賃は一定 5万なら5万

民泊は(ホームステイ型なら)初期費用に必要な投資額が少ない

3つの民泊ワード
部屋の紹介ページ
リスティング
泊める人
ホスト
泊まる人
ゲスト
これだけは覚えておきましょう
Shinjuku 9min.shibuya 17min
Airbnb
暮らしてみよう
世界191カ国が登録
3万4000都市をカバー
ホストとゲストをつなぐ
※2016年9月現在
でも…
どうやってゲストを見つけるの?
すごいサイトがあるの!
お城に泊まれる
ドバイ
こんなお部屋も泊まってみるのも楽しそう!
バリのコテージ
ゴッホの絵画風

その国で暮らすように過ごせて、
ホテルとは違う楽しみが。
It's Japanese style!!
Oh! Futon!
ゲスト
自宅に居ながら国際交流。
英語学習、世界中に友達ができる
Hi! I'm Yoko. Nice to meet you!
英語の勉強になるね!
ホスト
3STEP!!
予約
クレジットカード決済
泊まるだけ!
ゲストも申し込みカンタン!
登録方法はカンタン!
質問に答えていくだけ。
家のルールは…
部屋数は…
所要時間約30分
ゲストが泊まった
翌日、自動的に日本円で
振り込まれる
掲載
宿泊料の3%
紹介
宿泊料の6〜12%
いらっしゃい
Hi
家を貸す
家を借りる

ゲストに駅から家までの道のりを伝えるための写真を撮影して…
片道10分
曲がるところや目印を撮影！
民泊サイトに登録！
ものは試し…。ゲストくるかな？
いざ！！
これでいいかな〜
え〜！外国人から、2件も予約メールが！
うそ〜
ただいま〜
え〜
返信ど〜するの〜？
はじめて連絡をくれたのは、アジアのかわいい女性。
まだ空いているよ。是非きてね…と
男の人から、予約確定メールきたよ？
あれ、さっきの女の子じゃない

予約には2種類
①今スグ予約
→カレンダーから直接予約
②予約問い合わせ
→ホストにメッセージで問い合わせ
エー!!
え〜！ 誰！ 単身男性が3日後に…
今週末空いてる？
1人目
シンガポールの女性
予約問い合わせ
今週末空いてる？
2人目
台湾の女性
予約問い合わせ
なぜかイラスト…
……
3人目
スイス人の男性
今すぐ予約
登録して30分で3人から予約が…!!
3日後さわやかなイケメン好青年が!!
Hi! Yoko!
どーしよ いきなり単身男性5泊も…
ホスト仲間に相談…
キャンセルした方がいいかな？
スイス人なら大丈夫
アタフタ

涙のお別れ…
今日も桜祭りいってくる〜
いってらっしゃい〜
彼は、2泊延泊して合計7泊してくれました!
第○○回　桜まつり
桜祭りで演歌を聞いたり…
カンパーイ!!
たこ焼き食べたり手品をみたり…
気になる売り上げは…
1ヶ月目
5万円
4カ国5名をおむかえ
2ヶ月目
8.5万円
5カ国8名をおむかえ
5ヶ月で37万円
あ! また予約だ…
ゲストが帰ったら…
掃除機かけて
シーツを洗って…
自宅にいながら、国際交流できてさらに副収入になる!!
え〜テレビ番組のディレクターが宿泊希望!
あ、これは台湾の子からだ。イギリスから、小説家もやってくるって
レビュー書いておこう! 昨日のオーストラリアの2人、部屋キレイに使ってくれました。
韓国
オーストラリア
イギリス
アメリカ
台湾
ハワイ
スイス

はじめに

もうすぐ、ゲストが到着する木曜の午後3時。

私は紅茶を飲みながら、本を読んでいました。本場、イギリスの紅茶の香りをかぎながら……。イギリスからのゲストにもらった紅茶は、やはりひと味違う。

さて、今日も世界中からわが家にゲストがやって来ます。

ピンポーン……

「ハイ！　ヨーコ！　ナイストゥーミーチュー」

民泊を始めて、忘れかけていた英語を使う機会が増えました。

私は築37年の空き家をリノベーションして暮らしているジャーナリスト・ファイナンシャルプランナーです。自宅の一部を貸し出すホームステイ型の民泊を始めました。

「あと数万円、収入を増やしたい」

そう感じている主婦やサラリーマン、学生さんやシニアにおすすめなのがこの「民泊」投資です。

民泊とは、自宅の空いている部屋や所有している家などを宿泊場所として旅行客に貸し出すこと。たとえば今住んでいる家の一部屋を貸し出したり、子供が独立して使っていない空き部屋を貸し出したり、空き家になっている一軒家を丸ごと貸し出すこともできます。

日本の一般的な家に宿泊したいという外国人旅行客もたくさんいます。訪日外国人者数はこの4年で3倍、年2000万人に迫る勢いです。2020年に向けてさらなる広がりを見込めます。先のリオ五輪では、民泊の利用者が6万6000人超、宿泊費が約25億円に及びます。25億円もの売り上げが民泊でえられるわけです。

そんな今こそ、民泊を始めるチャンスです！

前作『100万円からの空き家投資術』では空き家の有効活用の手段の1つに、民泊として外国人旅行者に貸し出す方法があることを伝えました。この本を読んだ読者のみなさんから「空き家を買った」などたくさんの反響をもらいました。

でも「100万円からの投資となると、ハードルが高い」「入居者が決まらなかったら、リスクが大きい」といった不安を抱えている方も多いようです。取材を続けていくうちに、民泊は別に物件を新たに購入する必要などなく、今住んでいる家でできることがわかりました。

自宅を使うなら、初期投資3万円から始められます。3万円の内訳は、シーツや布団、枕、バスタオルなどです。来客用の布団が自宅にあれば、もっと安くお金をかけずに始めることもできます。

ただ外国人旅行客に宿泊してもらうとなると、思わぬトラブルがあるのではないかと不安になる人もいるでしょう。正直なところ、私も最初は心配でした。

ところが、実際に自宅に外国人旅行客を受け入れて民泊を行っている方々を取材して、わかったことがあります。それは外国人旅行者のほとんどは日本が大好きで、マナーを守って滞在してくれること。日本人以上に日本をよく知っていると感じることすらあります。民泊を始めて、私は日本の魅力を再発見しています。

日本の民泊で人気があるのは東京、大阪、京都ですが、北海道、金沢、福岡、静岡、沖縄など、全国各地にニーズは広がっています。日本は地方ごとに異なる文化や食、季節で移り変わる自然の魅力にあふれています。旅慣れた外国人旅行者は、さまざまな土地を訪れています。

ですから日本全国、どのエリアでも民泊投資の需要があります。

そして英語が話せなくても大丈夫！　最近ではスマートフォンのアプリやパソコンで翻訳サイトにアクセスすれば、日本語を英語に一発で変換できます。民泊は、基本的にはカギの貸し出しや部屋の掃除だけですみますが、交流したい方はゲストにどんどん話しかけて交流を楽しむこともできます。

ではなぜ、こんなに魅力あふれる民泊が、世間ではあまりいい印象を持たれていないのでしょうか。それはお金を稼ぐ目的で、どんどん物件を借りて、無作為に外国人を宿泊させ、近隣住民の批判に耳を貸さなかったためにトラブルに発展し、ホストが警察に逮捕されるなどの事例が一部で発生し、「トラブルの温床」「怖いもの」というイメージが持たれているからです。

民泊には「ホームステイ型」のほかに「ホスト不在型」があり、ホストが不在の部屋に泊める場合は管理の目が行き届かず、騒音やゴミ問題などの近隣トラブルが発生しがちです。

本書では主に「ホームステイ型民泊」について解説します。ホームステイを禁止している国はほとんど見当たりません。「ホームステイ型民泊」は届け出制で全面解禁される方向です。

もし万が一、民泊を始めて嫌になったり、うまくいかなかったりしたら、すぐにやめて今までどおり自宅の1室として使えばいいだけです。たとえ布団やシーツを新調したとしても、そのあとは家族や来客用として使えばいいでしょう。

そう考えると、民泊投資は同じ家を貸す不動産投資に比べてハードルが低いのです。

本書では民泊の魅力、楽しさ、始め方をわかりやすく解説します。民泊を楽しんでいるホストのみなさんの声とノウハウ、それをもとに実際に試してみた私の体験や、トラブルを未然に防ぐ方法、売上を安定させて続けるコツを紹介します。

本書を通じて、ベストな方法を編み出してもらえれば幸いです。さあ、あなたも自宅で国際交流を楽しみながら、お小遣い稼ぎを始めませんか。

２０１６年９月

高橋洋子

3万円からの民泊投資術——目次

★☆☆☆☆
第1章
今すぐ民泊を始めたい理由

★★☆☆☆
第2章
3時間でできる民泊の始め方

★★★☆☆
第3章
予約からチェックアウトまで

★★★★☆
第4章
ここで差がつく民泊テクニック

★★★★★

第5章 心配のタネを取り除いておく

☆☆☆☆☆

終章 民泊って楽しくておもしろい！

装幀　豊原二三夫（As制作室）
カバー挿画・本文漫画　大根はじめ
DTP　ノア

★☆☆☆☆

第1章

今すぐ民泊を始めたい理由

訪日外国人の宿泊ニーズは多様化している

今すぐに民泊を始めたい1つ目の理由は、外国人旅行者が急増していることです。２０１５年の訪日外国人数は１９７３万人と２０００万人に達する勢いでした。実はこの数値は、東京オリンピックが開催される２０２０年の国の目標値でしたが、早くも手に届いたのです。

ではなぜ、日本を訪れる外国人が増えたのか。主な理由は次の2つです。

①円安で、外国人にとって日本での買い物が得になった。

②観光ビザ発給制度の緩和、日本の免税制度の拡充、航空ネットワークの拡大など

わが国の施策が功を奏した。

このほかにも、インターネットの無料動画サイトYouTube（ユーチューブ）で日本の魅力を伝える画像が世界中で見られるようになったことも考えられます。国はさ

らなる目標を掲げ、２０２０年には今の倍の４０００万人、２０３０年には６０００万人の外国人旅行者を呼び込もうとしています。

多くの外国人旅行者は、買い物や観光でお金を使ってくれます。こうした外国人旅行者による消費を「インバウンド消費」と呼びます。この額は２０１５年の１年間で、３兆４７７１億円。これは電子部品の輸出産業と同じぐらいの額です。外国人旅行者による旅行消費は、今や日本の「一大産業」です。

現代において外国人は日本の経済を支えてくれる大切なお客様です。国は地方への外国人を増やし、何度も日本に訪れる外国人旅行者のリピーターを増やす目標も掲げています（21ページ図表１参照）。

外国人旅行者が急増しているので、都市部ではすでに宿泊施設が不足しています。東京のあるビジネスホテルでは、平日は宿泊料が７０００円でも、休日の前日ともなると外国人旅行客が殺到することから、２万８０００円と4倍の金額になっているケースもあります。これでは日本人でさえホテルを確保するのが難しい異常事態です。

旅慣れた外国人旅行者は、ホテルや旅館だけでなく、現地の人の暮らしを体験しながらの宿泊を望んでいます。民泊はホテルより割安で「日本の暮らし」を体験できる、ホテルや旅館にはない圧倒的な魅力があります。

だからこそ、今、民泊が求められているのです。日本の魅力を知った外国人旅行者は、季節やエリアを変えて、そして宿泊場所を変えて、何度も日本を訪れるのです。

ここで、わが家に滞在したゲストの例を紹介しましょう。

ハワイからのゲストは、日本に来るのが6回目です。5月に来たのですが、また9月にも来るそうです。スイスからのゲストは、自国のボランティアで地元の消防団に入っていて、子どもたちに消防士の仕事について教えることもあるそうで、わが家に来て早々、日本で消防車を見られる場所を私に聞きました。

イギリスからのゲストは私の家の近くに息子さんが1人暮らしをしていました。彼に会いに日本に来たそうで、彼の家に行き来しやすいよう近くの我が家を選びました。

このように外国人の観光の目的はさまざまで、その目的に見合った宿泊を考えている人は多いのです。

ますます外国人旅行者が増加。民泊を後押しする国の目標！

	2020年	2030年
訪日外国人旅行者数	今の2倍 4000万人	今の3倍 6000万人
訪日外国人旅行消費額	今の2倍超 8兆円	今の4倍超 15兆円
地方部での外国人延べ宿泊者数	今の3倍 7000万人泊	今の5倍超 1億3000万人泊
外国人リピーター数	今の2倍 2400万人	今の3倍 3600万人

（出典：首相官邸）

これから今の２倍、３倍に外国人旅行者がふえる!!
これを“インバウンド消費”と言います
リピーターは、マニアックな所へも旅します

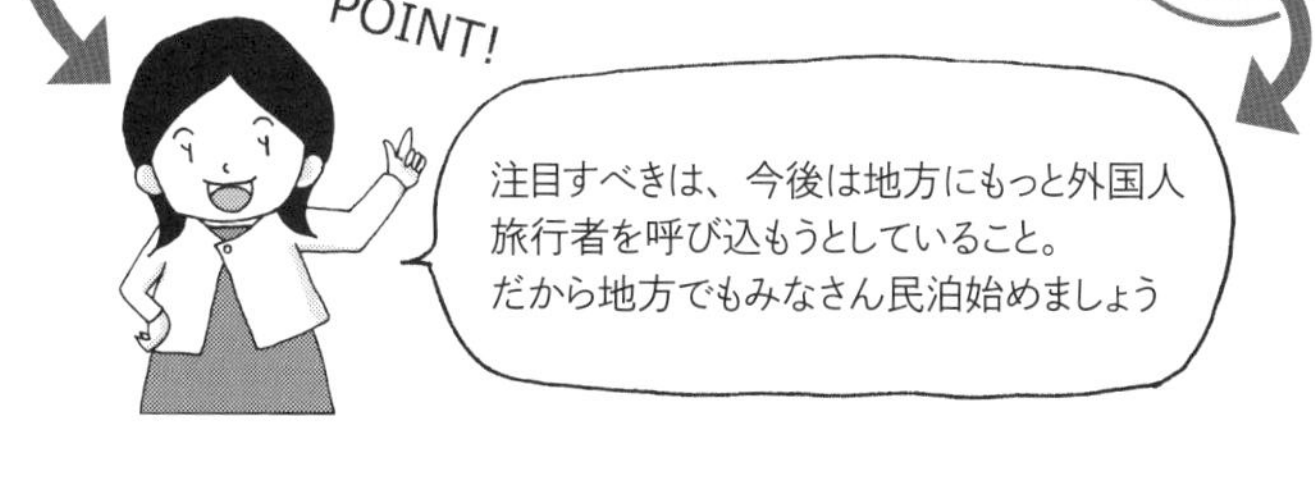
POINT!
注目すべきは、今後は地方にもっと外国人旅行者を呼び込もうとしていること。
だから地方でもみなさん民泊始めましょう

民泊を始めるのには、便利なサイトがあります。アメリカ発の民泊サイト「Ａｉｒｂｎｂ（エアビーアンドビー）」です。世界191カ国、3万4000の都市で80万軒以上の宿を紹介しています。

このサイトが空き部屋を貸したい人と借りたい人をつなげてくれるのです。登録している日本の物件数は、ほんの1、2年ほど前にはわずか5000軒でしたが、現在は3万軒を超えています。6倍に増えたことで、民泊は「過当競争が始まった」「すでに飽和状態である」ともいわれています。

しかし1年間で日本に訪れる外国人が2000万人なのに対して、民泊物件はたったの3万軒です。これから4000万〜6000万人の外国人旅行者を受け入れようとしている日本には、民泊の物件数はまだまだ足りないのではないでしょうか。

日本が好きで日本の暮らしや住まいを体験したいと思っている外国人に、空き部屋を貸すことでお金がもらえる。こんなに楽しいことはありません。

あなたの空き部屋やソファはそのまま使える

今すぐに民泊を始めたい2つ目の理由は、空き部屋1室やソファ1台から貸し出しができることです。

たとえば子どもが独立して空いてしまった部屋や来客用の部屋など、みなさんの自宅や実家に空いているスペースはありませんか。部屋が空いたままでは、もったいないと思いませんか。

「空いている部屋などない」という方は、自分たちが使っている寝室やリビングのソファを貸し出すだけでもいいのです。

これは、私たち日本人にはなじみのない習慣です。

「えっ？　うちの部屋、それもソファなんて、借りたい人がいるの？」

と疑問に思う人がいるかもしれません。

欧米では、ソファだけを旅行客に貸し出すことが広がっています。ソファは英語で

「カウチ」といい、それを旅行客に貸し出すことを「カウチサーフィン」と呼びます。カウチサーフィンは2004年から始まり、世界200カ国1300万人の旅行者に親しまれています。わが家に訪れたゲストも、利用していると言っていました。

このカウチサーフィンは無料のボランティアで行われますが、民泊では宿泊料を取ります。

ところでみなさんは、民泊を世界に広げた民泊サイトAirbnbは、何の略か知っていますか。「Airb」は「エアベッド」、「nb」は「&ブレックファスト」の略で、エアベッドと朝食をサービスするという意味です。

Airbnbは、創業者の2人が借りていた事務所の家賃を払うお金がなくなったときに、部屋の空きスペースにエアベッドを置いて、インターネットで泊まりたい人を募ったことから始まりました。3名まで泊まれるエアマットレスを準備して、自家製の朝食を提供して始めたことが発端です。

イギリスを始めとして各国にある、お手軽な宿泊料のホテルのことを「B&B（ベッド&ブレックファスト）」といいますが、それを元にした言葉です。でもAirb

nbの場合は、食事をつける必要はありません。基本は素泊まりです。

学生が1人暮らしの部屋を貸すことも可能です。たとえワンルームの部屋でも、あらかじめ「シェアルーム」と明記して貸し出すこともできます。取材したなかでは1人暮らしの大学生が、実家に帰省するときや旅行で家を空けるときに部屋を民泊として貸し出している例を聞きました。自分が家にいるときに予約が入った場合は、ゲストと同じ部屋で寝ることもあるそうです。

部屋だけでなく、家を丸ごと1軒貸すこともできます。

今や日本の空き家は820万戸。全戸数の13・5%が空き家です。実家が空き家になっていたり、家を相続したものの使うあてがなかったりする人もいるでしょう。貸家にはしていても、なかなか入居者が決まらないこともあるでしょう。そんなときは、民泊として貸し出してみるのも1つの手です。

日本人には、古びた木造一戸建ての空き家は敬遠されがちかもしれません。しかし外国人にとっては、古い日本の家での宿泊は、とても魅力的に映るのです。

私の故郷の岐阜には世界遺産の合掌づくりがあって、近年それを見に来る外国人旅行客が増えています。家が古いからといって躊躇することはありません。その古さが魅力になることだってあるのです。

まずは、サイトに掲載して反応を見てみましょう。予約がすぐに入らなくても、冬や花見の時期に予約が立て続けに入ることもあります。1年は様子を見てみましょう。民泊サイトＡｉｒｂｎｂの登録にはお金がかかりません。このサイトでは、城やゴッホの絵に出てくる部屋を再現した部屋など、多種多様の部屋が貸し出されています。なかには部屋とはいえないような、家の前にテントを張って貸し出すケースや、空手道場を1泊１０００円程度で貸し出しているケースもあります。

Ａｉｒｂｎｂでは、人が宿泊してはじめて入金があります。ホストの売上の3％がＡｉｒｂｎｂサイトの運営手数料として自動的に差し引かれる仕組みです。またゲストからも宿泊料に応じて、6～12％が差し引かれます。

どんな部屋が登録されているのか、サイトをぜひ見てください。

あなたが使っていない部屋に、空き家に、ソファに宿泊したい人が、世界１９１カ国の中にいるかもしれません。そう思うと、ワクワクしてきませんか。

やることは部屋の掃除とカギの貸し出しだけ

今すぐに民泊を始めたい３つ目の理由は、資格がなくても誰でも始められることです。家の寝室を貸そうと思ったら、30分もかからずに民泊サイトに登録できます。

家を貸し出すホストがまずやることは、貸し出す部屋を決めて、サイトに登録する写真を撮り、部屋の設備や最寄り駅から自宅までの道順を伝える紹介文を用意しておくことです。

そしてサイトに登録し、予約が入ったら、何時にチェックインするのか、駅から家までの道順など、注意事項を伝えます。ゲストが到着したら、カギを開けて、ゲストを迎え入れます。その後は、必要があればゲストからの質問に応じるだけ。ゲストがチェックアウトした後は、部屋の掃除やシーツの交換、ゴミ捨てをします。基本はこれだけです。

自宅の1室を貸すのなら、玄関、トイレ、お風呂はゲストと共用することになります。宿泊するゲストに心地よく過ごしてもらおうと思えば、掃除や片付けにも、自然と力が入ります。

わが家の場合、私が言わないと掃除を手伝わなかった夫が、率先して掃除をやってくれるようになりました。ゲストから「クリーンな家だ」と言ってもらえるのがうれしいようで、夫も張り切っています。

冒頭でも少し触れましたが、民泊には外国人を家に泊める「ホームステイ型」と「ホスト不在型」があります。ホスト不在型でゲストを泊めるときは、自分が住んでいない遠方のマンションなどを掃除しなければならないので、清掃業者に依頼するなど、どうしても代行業者の手が必要になります。

この点でも、自分が住んでいる自宅を貸し出すホームステイ型なら、自分の部屋を掃除する延長線上での手間ですみます。

ただし予約が立て込むと、ホームステイ型でも忙しくなります。たとえば午前中にチェックアウトするゲストを見送って、シーツを洗い布団をセットしたと思ったら、その日の夕方に次のゲストが来ることもあります。雨が降ればシーツが乾かないこともあるので、宿泊予約が頻繁に入る場合は、あらかじめ予備も購入しておいた方がいいでしょう。

ゲストをおもてなししたいのなら、朝食や夕食をつくって一緒に食べたり、街案内してあげるのもいいでしょう。ゲストによっては、そのような交流を求めていたり、会話を楽しみたいと思っていたりする人もいます。でも、なかにはプライバシーを尊重してほしいというゲストもいます。

また、民泊を続けていくために毎月かかるランニングコストも気になる所です。ホームステイ型の場合、もともと支払っている電気代などの光熱費にＷｉ‐Ｆｉなどの通信費、シャンプーなどの消耗品が家族だけで暮らしている時に比べ、若干余計にかかることになります。

とはいえ、ゲストの多くは日中〜夜まで観光で出かけていることが多く、電気や水道をそう使うわけではありません。

私自身、民泊を始める前と後の支出を見比べても、さほど変わりがありません。

ゲスト1組に対してこちらの稼働時間は、メール対応で10分ほど、チェックインのときに10分、チェックアウトとその後の掃除に1時間ほどと計1時間半ほどかかります。平均して1週間に1～2組が利用するので、週に3時間は民泊のために稼働することになります。

そう考えると、一度入居者が決まったら退去するまであまり手がかからない不動産投資に比べて、かなり手間がかかります。これは正直、民泊のデメリットと言えるかもしれません。


何泊か滞在するゲストのときは、貸している部屋に入って掃除機をかけたり、ゴミを捨てたりしました。でも、あるときゲストにこう言われたのです。

「そこまでしなくていい。それはあなたたちの仕事ではないから、大丈夫」

それ以来、ゲストに頼まれなければ、部屋に入ってゴミ捨てや掃除機をかけたりしないことにしました。

それでも泊める側としては、おかまいなしで大丈夫なのかと気になりましたが、かえってゲストは、プライバシーを尊重してくれたと喜んでくれました。

ゲストを迎えたら、トイレやお風呂の使い方、カギのかけ方などを説明する必要があります。英語での説明が難しければ、あらかじめインターネットの翻訳サイトで英文に訳した「ハウスマニュアル」をつくっておくことをおすすめします。大事な「ハウスルール」については、Ａｉｒｂｎｂの部屋の募集ページに前もって書いておきます。それらを読んで訪問してくるゲストも多いので、部屋の説明を省略できることもあります。

ホームステイ型民泊は、家事の延長でできるため、主婦や時間にゆとりのあるシニアにおすすめですが、忙しいサラリーマンでも、掃除を子どもや両親に頼むなど家族の力を借りて民泊を始めている方もいます。

私は民泊を始めてから、毎日のように世界各地からのゲストを招き、まるで家族が増えたような感覚でいます。ゲストのおかげで、わが家では掃除の回数が増え、家の中をキレイな状態に保てるようになりました。

これは思わぬメリットです。

初期費用3万円で月5〜10万円の収入になる

今すぐに民泊を始めたい4つ目の理由は、少ない初期投資で、すぐに利益が出ることです。ホームステイ型の民泊を始めるための初期投資は、最低限用意しておきたい宿泊者用の布団、シーツ、枕、枕カバー、バスタオルなどの準備費用で、1度に宿泊するゲストは仮に2人として、それぞれ2組そろえるとしても3万円程度ですみます。部屋の広さや宿泊できる人数に限りがあるでしょうから、あまり欲を出さず、まずは月に5〜10万円を目標に始めましょう。

余裕があれば観葉植物や、コーヒーを入れるためのケトルやコーヒーカップ、コーヒーの粉、砂糖やミルクも準備しておきたいもの。さらにゲストのための冷蔵庫や電子レンジを用意するのもいいでしょう。

自宅で始めるなら、キッチンにもとからある冷蔵庫や電子レンジを共有しても問題ありません。最近では、スーパーやコンビニに電子レンジが置いてあるので、ゲストの部屋に必要なものとは限りません。

わが家の初期投資は、ゲストが1人か2人で来ることを想定して布団、シーツ、枕を2セットと、観葉植物、ケトルなどを買った2万2000円です。この費用を回収するには、1カ月もかかりませんでした。始めて1カ月の売上は、1人客が3名、2人組が1組で、最初は25〜30USドルの設定で、Airbnbの手数料を差し引いて、宿泊費5万633円を受け取りました。宿泊費はそれぞれゲストがチェックインした翌日に、自動的に銀行振り込みで入金される設定にしています。初期費用2万2000円を差し引いても、初月から2万8633円の利益が出たことになります。

1泊いくらで貸すかは自由に決められます。ソファなら1000円から、1部屋なら3000円から、1軒丸ごと貸す場合は1万円からなど、自由です。

参考として、自分の家の近所にある民泊物件がいったいいくらぐらいで貸し出されているのかを、Ａｉｒｂｎｂでチェックしてみましょう。Ａｉｒｂｎｂには便利なシステムがあって、近隣の物件の相場から「これぐらいの金額が妥当」という推奨金額を教えてくれます。

また自分で最低価格と最高価格を設定しておけば、近隣物件の状況や時季的なニーズに合わせて、その日に最適な価格が自動的に設定される「スマートプライシング」という便利な機能もあります。まずはこの機能を利用して、相場を見ながら最低価格と最高価格の調整をしていくといいでしょう。

平日は仕事で忙しいという人なら、週末だけ部屋を貸すこともできます。たとえば1泊3０００円の宿泊料だと、週末だけの月8日で2万4０００円の収入になります。ゲストが友だちや家族を連れて2人で宿泊する場合は、１人分の追加料金を設定できます。また清掃料として、金額を上乗せすることもできます。人数分の追加料金も清掃料も、自分で自由に設定できます。

仮に1泊1人3000円として、カップルや友人同士の2人で宿泊した場合、1人分の追加料金を2000円、チェックアウト後の清掃料を1000円とします。

1カ月のうち、平均3泊、6組各2名のゲストがあった場合、

（基本料金3000円＋1人追加料金2000円）×3泊×6組
＋清掃料1000円×6組＝9万6000円

となり、1カ月6組のゲストを迎えるだけで10万円近くの収入になります。

貸せる部屋数が多い場合、一部屋ごとにリスティングページを作って募集します。たとえば、3部屋貸す場合、右に示した3倍稼ぐことが可能です。9万6000円×3部屋で、28万8000円の収入になります。空き部屋が多い人はこのようにして収益を上げられます。

2DKの賃貸マンションで民泊を始めたシングルマザーの鶴岡真緒さんは、民泊で年間400万円の売上を上げ、部屋づくりなど民泊のアドバイスも積極的にしていま

す。

鶴岡さんは娘さんと2人で暮らしていたマンションの寝室部分を貸すことで、試しに民泊を始めてみましたが、家賃に相当する額がすぐに入るようになったといいます。現在は、自宅のほかに都内や京都で民泊に利用可能な物件を借りて、大家さんの許可をえて、外国人に貸しています。その数は10軒を超えます。東京に住みながら京都の物件を清掃するのは難しいため、知人に清掃を依頼しているそうです。

鶴岡さんは自身の民泊体験談をまとめた著書『知識ゼロからの民泊ビジネス　がっちり成功術』（ビジネス社）を出版。最近は簡易宿所のオープンに向けて動いており、不動産投資や民泊のコンサルタントとして活動を始めています。

鶴岡さんのように民泊をきわめるのは、なかなか難しいかもしれませんが、読者のみなさんは、まずは月5万円を目標に民泊を始めてみませんか。

月に5万円、サラリーマンの収入を上げようとしたら大変です。パートで5万円稼ぐには、時給１０００円でも50時間も働かなくてはなりません。

ホームステイ型の民泊なら投資額が少ないので元本割れを気にすることなく、週末だけ貸し出したり、春と秋の人気のシーズンだけ貸し出したり、自分の好きに設定でき、スキマ時間を使うことで副収入をえられます。

宿泊した相手にも「日本の暮らしを体感できた」と喜んでもらえるのなら、双方にとってこんなにいいことはありません。

自宅で国際交流しながら英語を学べる

今すぐに民泊を始めたい5つ目の理由は、民泊を始めると自宅にいながらにして、宿泊費としてお金をもらいながら国際交流や英語の勉強ができ、世界中に友だちができることです。

私は海外旅行が好きで、これまでに世界13カ国を旅しました。しかし恥ずかしながら英語はあまり上達せず、しかも何年も使っていない状態で民泊を始めました。

私は最初のゲストに「コーヒーをどうぞ」と言おうとして、英語で「コーヒー、プリーズ」と言いそうになり、「あれ？　この言い方って、コーヒーが欲しいということだったかな？」と自信がなくなり、何も話せなくなったほど英語ができませんでした。

それでも笑顔でコーヒーを差し出せば、何とかなるものです。英語は自転車の乗り方と同じで、「習うより慣れろ」だと実感しています。

今英語を勉強している方は、1日も早く民泊で国際交流をしながら実践で英会話を学ぶことをおすすめします。ゲストから予約のメッセージがきたり、質問が届いたりすると、私はすぐにGoogle（グーグル）の翻訳サイトを利用して、日本語を英語に、英語を日本語に変換します（グーグル翻訳　https://translate.google.co.jp/）。

何度もゲストを受け入れているうちに、聞かれることにはパターンがあることがわかってきます。我が家の場合、初期の頃に多かったのは、次のような質問です。

「ポータブルＷｉ－ＦｉかＳＩＭカードはありますか？　ないならどこで手配すればいいですか？」

「チェックアウトの時間を遅らせてもらえますか？」

「最寄り駅からの道順は？」

これらの質問にその都度返事をしなくてもいいように、Ａｉｒｂｎｂに載せる紹介文に補足として入れておいたり、予約を入れてくれたゲストには、駅から家までの道順を、写真を添えてわかりやすいマップや英語で書いた文章をメッセージで送るようにしておけば、問題ありません。

私も最初は、ゲストからの質問がくるたびに、返答するのにしどろもどろになっていましたが、だいたい似たような質問がくることがわかり、その都度、リスティング文を修正していたら、質問が少なくなりました。慣れていくと、英語でのコミュニケーションもスムーズに取れるようになりました。

ホームステイ型民泊では、英語の文章を書いたり読んだりするだけではなく、英会話をすることも増えるため、英語の勉強が自然にできます。英語を勉強中の方や子どものいる方にはとくにおすすめです。

わが家の最初のゲストは、建築の仕事をしている30代の男性で、新築の住宅を建てる仕事をしているということでした。そこで私は、

「わが家は、築37年の家をリノベーションしたんですよ。もともと空き家で１年半、誰も住んでいなかったの。屋根が吹き飛んで、天井が抜け落ち、雨漏りしてひどい状態だったのよ」

と、リノベーション前と後の写真を見せながら、身振り手振りで伝えました。

そのとき、建築についてもっと深く話ができたら、どれだけ楽しいだろうかと、ど

んなに思ったことか。「もっと英語ができるようになりたい！」と強く感じたひととき でした。

旅行が好きで海外や国内各地によく行く人は、ゲストと旅の話ができたら盛り上がることでしょう。

私も旅行が大好きで、学生時代はイギリスとオーストラリアでそれぞれ2週間、一般の家庭にホームステイをした経験があります。ホームステイ先の家族とのふれあいはとても楽しく、大変よくしてもらったことを今でも覚えています。

イギリスでは、築年数のたった趣のある古い家に滞在し、家をリノベーションしながら大事に使い続ける文化に触れ、とても感銘を受けました。それが今の私の住まいづくりや家に対する思いにつながっています。

ホームステイをした経験は私の人生に大きな影響を与えました。だから今度は、日本で部屋を貸す側のホストとして、この国の文化や魅力を伝えていきたい！ そう思っています。

先日も、イギリス人女性が18日間宿泊していきました。彼女は日本に来るのも民泊を利用するのも初めてとのことですが、詩や小説を書いて本を出していることもあって、自己紹介文で私の仕事に親近感を抱いてくれたそうです。

先ほど紹介した鶴岡真緒さんの娘さんは、母娘で民泊をするうちに、英語や国際交流のおもしろさに目覚め、カナダの高校に留学しました。月に30万円という高額な学費も、鶴岡さんが民泊で得たお金で工面できたそうです。ホームステイ型民泊では、そこでの交流を通して、子どもにも広い世界を見せることができるのです。

民泊を始めることで、それまでは決してつながることがなかった世界中の人たちと交流することができます。また、始める前には考えられなかったような新しい発見があります。海外留学をするなど、人生を変えるような決心をすることもあるかもしれません。

民泊を通して、あなたも未知なる世界をぜひ体験してみてください。

ホストの声を代弁する民泊協会

国が民泊に関する法整備を早急に進めようとしているものの、今はこの新しいビジネスの形態に対応する法律がないのが実情です。そのため民泊の運用は個々の判断に委ねられている部分が多く、数々の懸念事項があげられています。

そうした状況を打開すべく、ホストの声を集めて内閣府に提言しているのが一般社団法人民泊協会です。代表理事を務める高橋延明さんに民泊の現状を聞きました。

一般社団法人民泊協会

所在地・東京都渋谷区／代表理事・高橋延明／民泊サービスが共有型経済モデルの新たなサービスであることに着目し、日本での適切な法整備がされるように願いを込めて、日本初の民泊の業界団体として2015年9月に設立。

――民泊協会の規模はどれくらい？

会員数は１００人を超えたところです。代行会社でやっている人もいるので、その場合は代行会社が会員となります。物件数は６００軒以上。全国を対象としていますが、想像していたより東京都内の会員は少ないです。

私たちが手本にしているのは、サンフランシスコにある「ホームスタイラーズドットコム」です。アメリカでは、民泊の法規制が厳しくなる直前にこの団体が立ち上げられたことで、厳しい規制がかからなかったという経緯があります。

――海外の情報はどうやって得ている？

２０１５年にＡｉｒｂｎｂの会議がタイで開催され、当協会のメンバーも参加しました。海外の情報はそうした会議で得ています。そこでの情報も踏まえて、私たちは日本の行政に対し、たとえば規制に関する提言を行ったり、ホストの声を届けたりするために立ち上がりました。

――民泊のイメージについて

日本での民泊のイメージは、まだまだよくありません。でも民泊にはよいことがたくさんあります。民泊を始めることで、たとえばシニアが新しい生きがいを見いだすなど、人生を変えることだってあります。だから私たちは、もっと多くの人たちが携われるような仕組みづくりをしたいと考えています。

またゴミや騒音、安全性の問題など、民泊の事業を進めるにはさまざまな課題があります。近隣住民に挨拶して民泊を始めるように徹底しても、挨拶に行くと喜んでくれる近隣住民はあまりいません。空き家は怖いから、民泊で人の出入りがあるほうがむしろありがたいと言ってくれる人もいますが。

――今後の活動予定は？

法規制の部分をよりよい形に改めてもらうように働きかけて、民泊を営業したい人たちが合法的にやっていけるようにしながら、近隣の人たちに理解してもらえるようにしていきたいと考えています。個人的にやりたいのは「地方創生」です。民泊が生み出す新たな魅力を打ち出し、革命的に地方を変えていきたい。「こんなところで民泊をやるのは無理」と思われているような場所でも、取り組み方によっては街おこしにつながります。地方に眠っている昔ながらの日本の家は、日本人は敬遠しますが、外国人はお金を払ってでも好んで泊まります。民泊は、今は都市部のものと思われがちですが、むしろ地方のほうが広がる可能性があります。

――地方創生の可能性がある？

地方ならではの民泊の形には「農業民泊」や「漁業民泊」があります。たとえば口コミだけで半年先まで予約が埋まっている漁業民泊があります。このケースでは民宿の許可を取ってやっていることが多く、行政も推進しています。多少宿泊費が高くてもゲストの満足度が高いので、大きな経済効果が生まれます。ただ、民泊が1エリアに1軒しかないのでは街おこしとしての効果は小さいので、ある程度、軒数がないとムーブメントは起こせません。

――民泊で人気を得ていくには？

旅館やホテルなどとの差別化と、民泊としていかに個性を出していくかにかかっているでしょう。ホームステイ型の場合、ゲストにはホストがどんな人かも見られるので、Ａｉｒｂｎｂなどの予約サイトに掲載する写真で「私たちがもてなしますよ！」といった雰囲気を出して個性をアピールするのもいいでしょう。

また人気があるとはいっても、日本風の部屋は貸し部屋としてつくるのが難しい。なぜかというと、外国人は実は布団があまり好きではなく、本当はベッドを好むんですね。そこで誰をターゲットにするのかを考え、布団でもＯＫといわれるデザイン力で部屋をつくっていく方法も出てくるわけです。これは店づくりに似ています。

私が手がけた東京都大田区の物件（次ページイラスト参照）は、商業施設をつくるような感覚で施設全体をデザインしていて、テーマは「お土産屋さん」。商業施設のようなところに泊まれるから、ゲストもおもしろがってくれるのです。

——今後ニーズが高まる民泊のスタイルは？

今後増えてくるビジネス出張などに対応するのなら、一軒家タイプもいいと思います。１つ屋根の下に、たとえば男性３人のビジネスマンが宿泊して、その日の仕事が終わった後に寝食をともにしながら親睦を深めるといったニーズもあるでしょう。

高橋延明さんが手がける
羽田民芸ホテル

大田区14軒目の「特区認定民泊」

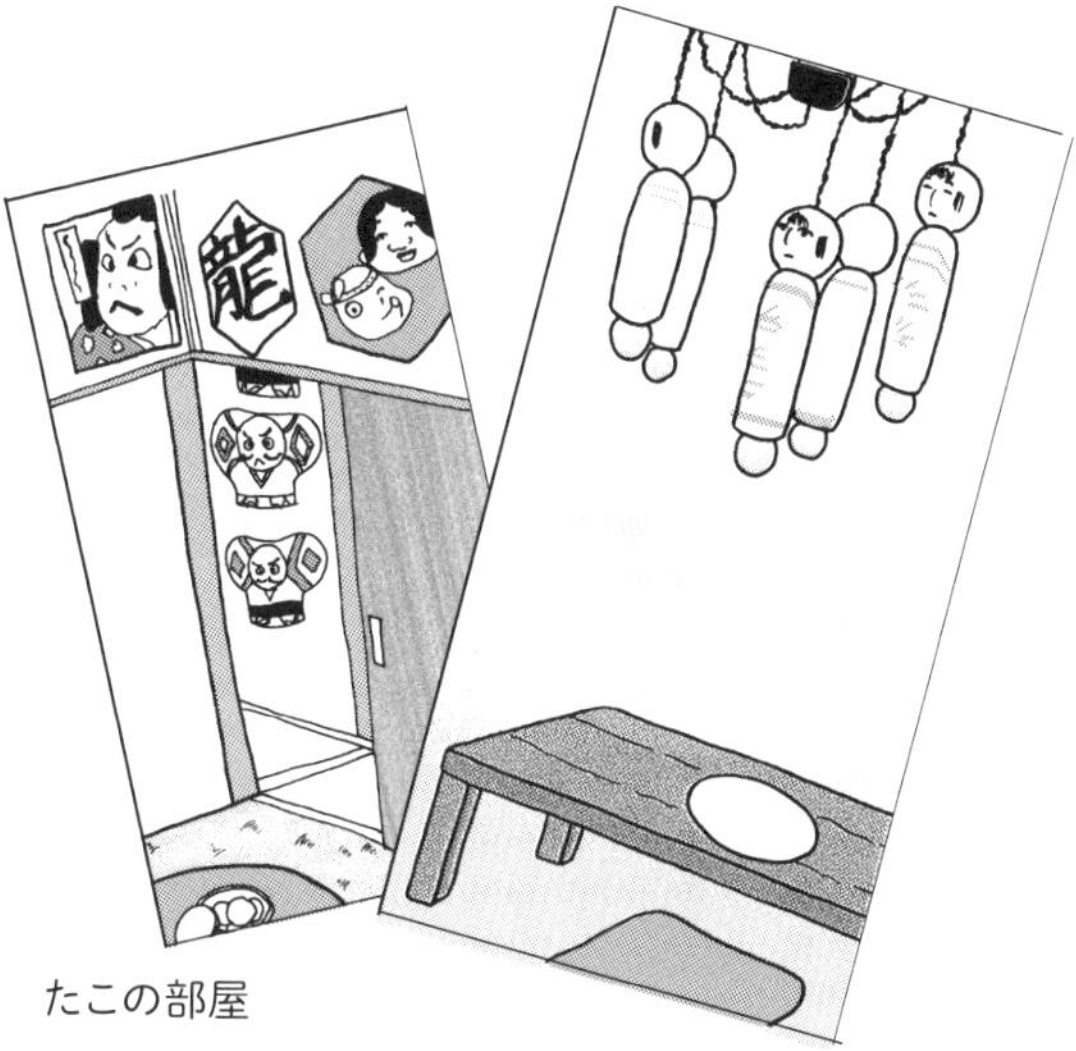

たこの部屋

こけしシャンデリア
の部屋

日本のお土産屋さんをイメージした部屋。「特区認定民泊」の認定を受けるとホテル同様Airbnb以外の宿泊サイトで広く予約を受けることができる。

――高橋さん自身の今後の展望は？

私は法学部出身なので、法律に関することを得意としています。「特区認定民泊」のしばり（詳しくは184ページを参照）と、旅館業のルールとの兼ね合いで、今は民泊の許可を取るのを断念する人が多いのが実情です。そこをどうにかうまく解決していく手段を提供する相談窓口になれればと考えています。

――2020年を見据えて

2020年には訪日外国人が4000万人を超えると予測されています。そこで、どうやって宿を確保するかとなると、やはり民泊の数を増やしていくしかありません。私は仕事で日本全国を飛び回っていますが、そのたびに感じるのは、東京、大阪だけでなく、福岡でもホテルが取りにくいということです。

現在、民泊は都市部に集中していますが、それではゲストも飽きてきます。これからは日本に訪れる観光客のリピート率も増えて、彼らが観光したい場所も変わってくるでしょう。地方でも民泊を始める人が増えるといいですね。

★★☆☆☆

第2章

3時間でできる民泊の始め方

民泊サイトに登録後30分で予約が入った

前作『100万円からの空き家投資術』で、空き家の有効な活用法として民泊について触れました。そのとき、私はすでにAirbnbのサイトに登録をしていて、民泊をやろうと思ったものの、8カ月くらいの間、何も行動に移せずにいました。インターネットなどで集めた情報で頭でっかちになるばかりだったのです。

それが春になり、桜満開まであと数日というタイミングで、72ページで紹介する土屋明衣さんから、民泊サイトに登録して2週間も待たずに20万円以上の売上を上げたことを聞いたのです。

また37ページでも登場した民泊アドバイザーの鶴岡真緒さんも、花見シーズンに民泊の部屋を新しくオープンしたところ、募集開始4時間で18万円分の予約が入ったといいます。

これらの話は私の背中を押してくれました。2人の話を聞いたのが3月末のことだったので、桜も満開でいよいよ絶好のお花見日和というときに、私も民泊サイトに登録してみることにしたのです。

詳しいことはこの後で説明しますが、すでに会員登録していたインターネットのAirbnbサイト（https://www.airbnb.jp/）で、いよいよ自分の家の紹介文を書いてゲスト募集をしてみることにしたのです。「最初はこんなものかな?・」「後で改善していけばいいや」と、気楽な感じで自分の部屋の情報を書いたリスティング（募集）ページをつくりました。

その後、駅から家までの道順で、目印となる箇所の写真を撮影しに出かけました。最寄り駅から家まで、駅、コンビニ、家の外観などの写真を10分ほど撮り歩いて帰宅。それをサイトに掲載しようとパソコンを開くと、驚いたことに英語のメールがたくさん届いているではありませんか。言うまでもなく、英語に不慣れな私は慌ててしまいました。巻頭のマンガで記したように、予約の問い合わせが2件あり、それに答えている最中に、「今すぐ予約」で単身男性の予約が確定してしまったのです。

Airbnbでは24時間日本語で対応してくれる窓口があります。相談してみると日本人女性が丁寧に対応してくれました。彼女からは、ホスト側の都合でキャンセルをすると、ホストとしての評価が下がるなどの説明を受け、予約を入れた人とよく話し合ってみるようにとアドバイスをもらいました。

そこで私は、予約を入れてくれたスイス人の単身男性に、まだ予約の準備ができていないのに募集開始をしてしまったので、キャンセルしてもらえないかという内容のメールを送り、返事を待つことにしました。

しかし、5時間ほど待っても返事はありません。

これではこちらも腹をくくるしかありません。単身男性と1つ屋根の下で過ごすのには少し勇気がいりましたが、私はメールを送りました。

「さっきは失礼なメールを送ってしまい、ごめんなさい。準備ができましたので、予定どおりお泊りください」

すると、どうやら彼はすでに日本に向かっていたようで、こんな返事がきました。

「飛行機の中にいて、連絡が遅くなってごめんなさい。でも、受け入れてくれてうれしい。魅力的なお部屋に泊まれるのが楽しみです」

男性はＡｉｒｂｎｂに登録したばかりだったようで、サイトには詳しい情報が掲載されていませんでした。

いったい彼は、いくつぐらいで、どんな人なのだろうか。

会うまでは、どんな人と一つ屋根の下で過ごすのか安心できなかったものの、実際に会うと、爽やかな好青年でした。

登録からわずか30分で世界３カ国から3件もの予約がくるとは、思いもよらないことでした。世界とわが家の距離が近く感じた瞬間です。

わが家の民泊は、こんなふうに始まりました。

実際にやってみて思ったのは、どんなニーズがあるのか、その立地でお客さんが入るのか、募集してみないとわからないということです。最初から完璧に準備して始めるのではなく、とりあえずまあのところでスタートしてみて、走りながら少しずつ調整していくといいかもしれません。

ゲストを迎える部屋のコンセプトは明確に

さあ、いよいよここからは、民泊の始め方について解説していきましょう。

ホームステイ型の民泊を始めるには、3時間もあれば十分に準備ができます。もともと自宅として使っている家の一部分を貸すので、普段から掃除や片づけができていれば、来客用の布団やシーツを用意するだけで準備万端。すぐにでも募集を開始できるでしょう。

しかし、今は全国各地で民泊を始める人が増えています。ゲストを募集すれば、どんな家でも予約が埋まるわけではありません。日本国内に3万軒もある民泊物件からあなたの家を選んでもらえるように、ゲストが飛びつくようなコンセプトを考えて発信してみましょう。

まずは参考として、自宅の近くにあってゲストに人気の高い物件を調べます。人気の高さは、レビューの多さや、その部屋のリスティングページから予約状況がわかるカレンダーをチェックすると、どれだけ予約が埋まっているかが一目瞭然です。チェックしていくと、どのような部屋が人気なのか、その特徴がなんとなくわかるようになります。

ただし人気物件のまねをしてもライバルになるだけなので、その特徴を参考にしながら、あなたらしさ、あなたの家らしさを出していきましょう。

Ａｉｒｂｎｂでは、Ａｍａｚｏｎで買い物をするときと同じように、ゲストの検索履歴やプロフィールから、趣味などの共通点があって、気に入りそうなホストの部屋を自動的に上位に表示してくれる仕組みがあります。これを「アルゴリズム」といいます。

趣味の合う、共通点の多い人を引き寄せるには、プロフィール欄にできるだけ詳しくあなたの趣味や仕事の内容を書くことです。また、趣味を部屋のインテリアなどにも反映させること。たとえばあなたが趣味で庭にバラを育てているならば「ローズガーデンのある家」をコンセプトにして、庭で育てているバラの写真をリスティングページに掲載したり、ゲストの部屋にバラを飾ったり、花柄のシーツやカーテンなどのファブリック（布製品）でまとめてみたり、統一感を出すといいでしょう。

起業家支援を行っているある男性は、起業家向けのコンセプトでホームステイ型の民泊を行っています。宿泊者の半数以上がMBAを取得しているというから驚きます。

ほかにも、コスプレやゲームなど「おたく文化」を楽しめる部屋をコンセプトにした部屋や、部屋全体をピンクにして、キティちゃんのぬいぐるみやグッズを置いた「キティちゃん部屋」、ある男性は大好きなローリング・ストーンズ関連のグッズを並べるなど個性を活かして民泊を展開している例があります。

このように、あなたの「こだわり」をコンセプトに打ち出していけば、世界中のあなたと同じ趣味の人たちが、あなたの部屋に宿泊したいと思うはずです。たとえば、私は本や建築が好きなので、海外の民泊に宿泊するなら、作家の家や建築関係の仕事をしている人の部屋に宿泊できるなら、宿泊費が多少高くても利用します。

もしもあなたが料理が得意で、キッチンにこだわりがあり、豊富な調味料を取り揃えているのなら、「30種類の日本の調味料を自由に使える！　日本料理を堪能できる家」というコンセプトにしても、おもしろいでしょう。

外国人に人気の高い名所「三鷹の森ジブリ美術館」の近くで民泊をしている人は、「ジブリ」をコンセプトに部屋全体をまとめています。ジブリの名作映画に出てくるキャラクターグッズを置いたりしています（111ページ参照）。

ゲストから希望があれば、予約が殺到して入手困難となっている「三鷹の森ジブリ美術館」のチケットを取るのを手伝うなど、その地域を訪れる外国人旅行客にとって「かゆいところに手が届く」サービスを行うことで、人気が高まります。

わが家の場合は、もともと築37年の家をリノベーションした「日本の古い家」なので、和風のインテリアでまとめることにしました。持っていた浴衣や赤い帯を壁に飾り、風呂敷や手ぬぐい、趣のある和食器や茶器などを玄関や部屋に置いて、雰囲気を出しました。

あなたらしい、あなたの家や地域にマッチするコンセプトを考えてみましょう。

清潔で美しく個性ある人気の部屋づくり

外国人旅行客の宿泊の目的はさまざまです。宿泊費の安さを一番の売りにするのもいいでしょうし、多少高くても、こだわりの部屋を提供するのもいいでしょう。

Ａｉｒｂｎｂでは、宿泊したゲスト、家を提供したホストのそれぞれを評価してレビューを書くシステムがあります。

ホストは、次の６項目について星の数１から５でゲストから評価されます。最高評価は星５つ、最低評価は星１つです。

①清潔さ……………部屋は清潔で片づいていると感じたかどうか
②正確さ……………リスティングページの記述はどの程度正確であったか
③コストパフォーマンス…料金に釣り合う価値があると感じたかどうか
④コミュニケーション……滞在前・滞在中の連絡がどの程度うまくいったか

⑤到着……………チェックイン・入室はどの程度スムーズだったか
⑥ロケーション………駅からわかりやすい道順か、利便性がいいか

ゲストからホストへのレビューや星の数を見ると、その家の実態がよくわかります。人気の物件には、数百件のレビューがついていることもあります。そのような人気物件に見られる共通点は、「清潔」「美しさ」「利便性がいい」です。

地方では、その土地で長く愛されている古民家が人気のようですが、必ずしも和風が万人受けするとは限りません。欧米人はベッドで寝る習慣があるため、布団よりもふわふわのベッドを好む傾向があります。

Ａｉｒｂｎｂに登録されている物件を見ると、ニトリやＩＫＥＡといった比較的お手頃価格で家具や寝具をそろえられる店の商品を使用しているケースが多いようです。似たようなシーツを使っているのを見ると、考えることはみな同じで、初期費用を安く抑えようとしていることがわかります。

予算上、同じような寝具を使うことはやむを得ないかもしれません。でもそれでは、

ゲストへのアピールが弱く、物足りなさを感じてしまうもの。どこか1点だけでも、オリジナリティを発揮しなければ、多くの物件の中で埋もれてしまいます。

みなさんもぜひ、「清潔」「シンプル」「美しい」に、「あなたらしさ」をプラスして、ゲストが喜ぶ部屋をつくってください。


初期費用をあまりかけずに部屋をコーディネートしたい人は、家の不要品を無料で放出している地元の掲示板「ジモティー」や、あらゆるものを比較的安い値段で譲ってもらえるフリマアプリ「メルカリ」を利用してみるのもおすすめです。

ジモティーのサイトを見ていると、地域ごとにベッドや布団、冷蔵庫や電子レンジなどが安く放出されていることがあります。最近では民泊を始めたものの撤退する人もいるようで、「民泊用家具一式、お譲りします」という書き込みもあります。ぜひチェックして、使える家具があれば入手してみましょう。

民泊サイトに登録してゲストを招こう

民泊開始準備ができたら、世界中からゲストを募集してくれる民泊サイトに自宅の情報を掲載します。登録にお金はかかりません。

世界最大の民泊サイトAirbnbへの登録方法は、インターネットのAirbnbの公式サイトに詳しく書いてあります。実際にガイドに沿って進んでいくと、わかりやすい案内が各ページに出てくるので、質問に答えていくだけであなたの家の情報を詳細にまとめた「リスティング（募集）ページ」ができあがります。

私の場合、登録には1時間もかかりませんでした。わからないことがあれば、いつでも電話で日本人のオペレーターに質問することができます。

リスティング文は、英語で書くのが望ましいのですが、英語が不慣れな方は日本語で書くこともできます。それをＡｉｒｂｎｂのサイトを通して、ゲストの希望の言語に自動で翻訳する機能があります。

また事前にゲストにお願いしたいことは、リスティングページにある「ハウスルール」欄に書いておきましょう。たとえば「夜は静かに」「玄関は靴を脱いで上がる」「禁煙」といった家のルールや、立地、設備など、空欄を埋めていきます。

そして写真はできるだけたくさん掲載しておきます。トップに掲載するのがゲストルーム全体、それからトイレ、洗面所、お風呂、タオルやシャンプーなどお風呂で使うもの、食事ができるスペース、冷蔵庫や電子レンジなどの設備などを掲載します。写真は最大１００枚掲載できますが、最初の４~5枚が勝負です。魅力的な写真から順に見せるもいいでしょうし、部屋を開けてからの動線に沿って部屋の写真を並べるのもいい方法です。

ゲストにとって、どんなホストの家に泊まるのかは重要なポイントです。ホストのプロフィールを書く欄があるので、顔写真とプロフィール文を用意しましょう。

Ａｉｒｂｎｂに登録するときは本名が必要ですが、公開するプロフィール欄に本名を掲載するのに抵抗がある人は、苗字は出さずに名前だけを表示することもできます。

ハウスルールをまとめよう

ハウスルール
編集

禁煙
ペットに不向き
パーティーやイベントには利用できません
乳幼児に不向き（0～2歳）
チェックイン時間は、16:00から23:00です。

Please take off your shoes when entering.

Bathroom, toilet, lavatory is shared with the host. It will not be shared with other guests.

Unauthorized guests are not allowed to stay.

Guest House are all non smoking.

Our neighborhood is very quiet so please no party at all hours of the night.
I expect your kindness and respect.

Please turn off the lights and AC when you go out and check out.
Otherwise the host may get in your room to turn off.

Please make separation of disposal of garbage for recycling purposes.
Do not trash outside.

Primary set of towels and linens will be provided for each guests.
No extra available for free. Charge may apply. Please ask me.

チェックイン、チェックアウトの時間から
・家でやってほしくないこと
・近隣に気を使ってほしいこと
・地域の暗黙のルールまで
しっかり明記しておこう

顔写真を出すのに抵抗がある人は、Ａｉｒｂｎｂのホストの中にも横顔やサングラスをかけた状態で撮影した写真や、遠くから撮影した写真を掲載している人もいますので、いろいろな例を参考にしてみるといいでしょう。家族で暮らしている家を貸す場合は、プロフィールに家族写真を載せると雰囲気が伝わっていいでしょう。

私もこれまで何組かのゲストを迎えてみて、なかには顔写真をイラストにしている男性や、写真の顔がサングラスをかけて怖そうに見えた男性がいたのですが、実際に会ってみると、どちらも素顔は好青年で安心した経験があります。彼らの顔を見て、もっと印象がいい写真を使えばいいのに、と思ったものです。ゲストの立場からいえば、ホストの顔写真は普段の様子がよくわかるもののほうが安心です。

プロフィールの文章も同様で、あなたの職業、趣味、家族構成、暮らしぶりがわかることをできるだけ詳しく書きます。ゲストが共通の話題を見つけて、初めて会ったときにコミュニケーションのきっかけをつかめるようなキーワードをちりばめておきましょう。

これにはもう１つの利点があります。前述したＡｉｒｂｎｂのアルゴリズムの機能で共通点があるホストの住まいを、検索上位に上げてくれるため、共通のあるゲストとホストをつないでくれるのです。

たとえば旅行が好きであれば、プロフィール欄にこれまでに行ったことがある国を書いておくと、その国の人が親近感を持って予約を入れてくれるかもしれません。

わが家に宿泊したゲストのみなさんも、事前に私たち夫婦のプロフィールをよく読んでくれていました。

「ヨーコは、ジャーナリストなのでしょう？　どんな原稿を書いているの？」

「ヨーコは住宅が専門なのでしょう？　この家にはどんなこだわりがあるの？」

そんな会話がはずみます。

プロフィールには、仕事のことだけでなく趣味について書いておくと、気の合う旅行者が来てくれるようになります。これも民泊の大きな楽しみです。

どんな旅行客に泊まってほしいのかを考えながら、リスティングページをつくっていく作業は心からワクワクするもので、とても楽しいものです。

道順マップとハウスマニュアルをつくる

リスティングページを作成したら、次はゲストからいつ予約が入ってもいいように、家に出迎える準備をします。そこで重要になるのが、あなたの家の位置情報です。

リスティングページを作成するさいに、ロケーションを記入する欄があり、住所とともに、あなたの家の位置がグーグルマップに自動的に表示されます。グーグルマップは世界中で見られるインターネット上の地図です。

旅慣れている人は、このグーグルマップだけを見て、家にたどり着くこともできます。グーグルマップ上に表示されるあなたの家の位置情報は、予約したゲストしか見ることができません。予約が確定するまでは該当エリアが丸で囲まれて表示されます。

ちなみにゲストのなかでも、１週間以上日本に滞在するゲストがよく利用している

JRパス(正式名称はJAPAN RAIL PASS)というお得な制度があります。一定期間、JRグループ各社の電車やバス、新幹線が乗り放題になるのです。たとえば7日間のパスで大人3万円ほど。我が家に来たゲストはこのパスを使って京都や松本に日帰りで旅をしていました。

JRパスを使って日本を旅しようと考えているゲストは多いので、リスティングやマップにJRの最寄り駅を示しておくと喜ばれます。

またゲストがスムーズに家にたどりつけるように、最寄り駅からあなたの家までの道順を示すマップをつくって、送っておきましょう。わかりやすくつくっておけば、ホストが駅まで迎えに行かなくても、ゲストは自力で家までたどり着けます（89ページ参照)。

当日ゲストが、道に迷ったり、道がわからなかったりしたら、電話かメッセージを送るようにということも伝えておきます。電話番号は、Airbnbのリスティングページに掲載され、予約が確定したゲストに自動的に送られます。

次に作成するのは「ハウスマニュアル」、家の使い方の解説書です。とくに使い方が難しくてわかりにくいようなものにだけ、簡単な解説文をつくっておきましょう。たとえばゲストがインターネットを使うときによく利用するのがＷｉ‐Ｆｉで、アクセスするためのパスワードとＩＤを書いておきます。

ハウスマニュアルは、プリントアウトしたものをクリアファイルに入れて、ゲストが使うテーブルの上に置いておきます。これと同じ内容のものを、Ａｉｒｂｎｂのサイトにもアップしておくと、ゲストが事前に読んでおいてくれます。

外国人ゲストにエアコンやテレビのリモコン、お風呂やトイレの使い方を一つひとつ説明するのは、英語が苦手な人にとってはひと苦労です。何を聞かれてもハウスマニュアルを見せれば一目瞭然になるように事前に準備が大切です。

ゲストがすぐに使いたいリモコンのボタンなどには直接シールを貼って、英語で説明を書き加えておくのもおすすめです。

最初から完璧につくる必要はありません。ゲストの様子を見て、使いにくそうにしていたら、そこを補足するなどしてつくり上げていきます。

ハウスマニュアルの一例

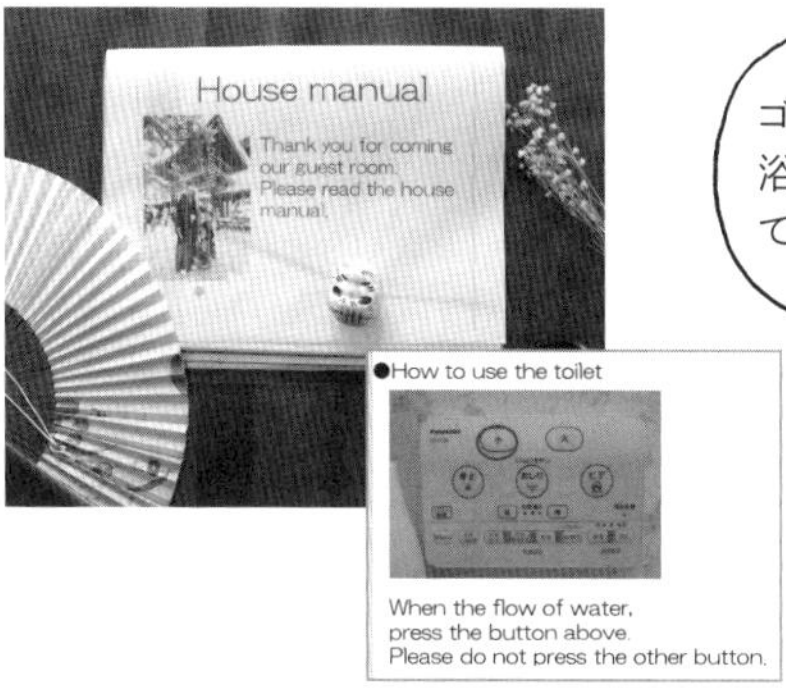

ゲストルームのテーブルの上にハウスマニュアルを置いておきます

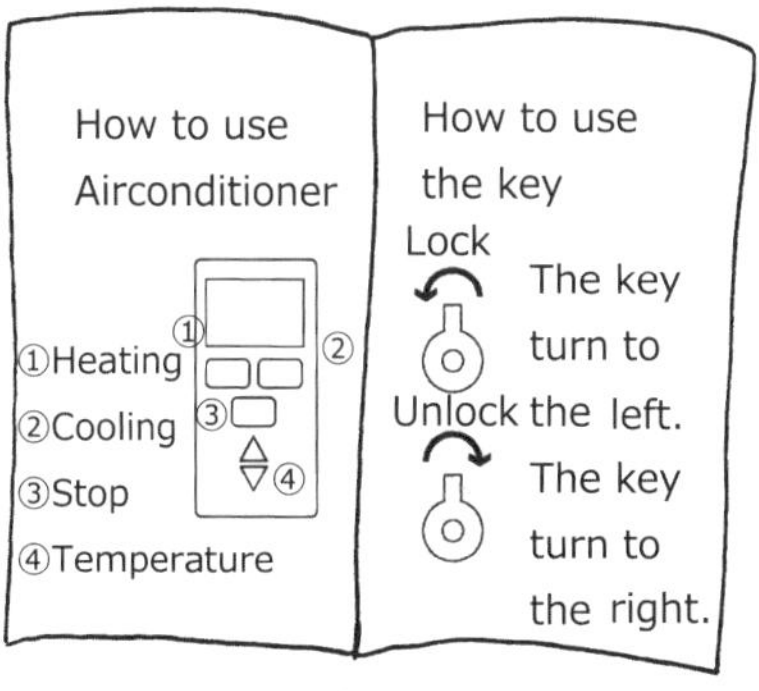

エアコンの使い方や玄関のカギのかけ方などを写真を使って説明

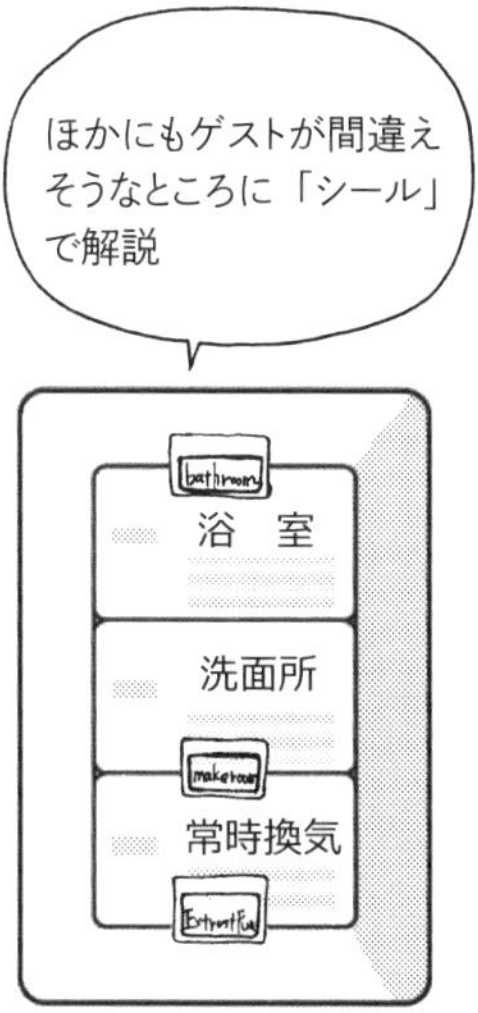

自宅で始めて2週間で売上23万円！

マイホームとして購入した都内の4階建ての一戸建てで、ホームステイ型民泊を始めた土屋明衣さん。スタートしてわずか2週間で23万円の売上を確保するほどの人気ぶりです。

民泊でゲストをもてなす秘訣を聞きました。

土屋明衣（めい）さんプロフィール

30代女性、米国税理士／本業のかたわらマイホーム購入を機にホテルマンの経験がある外国人の夫とホームステイ型民泊をスタート。1階のリビング、キッチン、洗面所とシャワールームはゲストと共有、2、3階の和室4室がゲスト用の部屋。4階を自宅として使いながら、ゲストをもてなす。

――民泊を始めて気づいたことは？

すぐには儲かるものじゃないなと思いました。お客様を地道にコツコツと受け入れて、レビューを積み上げ、信頼を得ていくものです。単価からいって、大人数を受け入れるほうがいい。４人などのグループで予約を取ったほうが一気にお金が入ります。

――始めて２週間で23万円の売上を上げる秘訣は？

３月末～４月頭の花見シーズンは、１年を通して民泊の最需要期です。その時期に始めたのがよかったと思います。売上は、Ａｉｒｂｎｂのリスティングページを出した瞬間にポンポン入るというよりも、地味に入ってきますね。３月18日から月末までで、売上は２１００ＵＳドル（当時の為替相場で約23万円）でした。

――初期費用は？

自宅購入から始めているので、自宅部分も含めて初期費用とすると、住宅購入価格３８００万円＋リフォーム代４００万円。それからインテリアデザイン費用としてデザイナーに５万円。家具は自宅の部屋のインテリアも含めて70万円。

その他、布団やシーツはレンタルで対応しています。うちは最大4組のゲストを受け入れていることもあって、毎回、自分で洗濯してアイロンがけをするのは大変なので布団レンタルは月2万円、シーツレンタルは月3万円（クリーニング込み）、Wi-Fi料金は月4000〜5000円、リスティング用の写真撮影はカメラマンに2万円でお願いしました。

――宿泊費は？

宿泊費は掃除代を含めて、シングルルームは日本円で6000〜6500円ぐらいで貸し出しています。時期的に変動することもあります。ダブルルームは人数に応じて、1人につき6000〜6500円。1〜3階を丸貸しする場合は2万円前後です。

ゲストは旅の上級者がよく来ます。日本をわかっているなと思うことも多いです。

――ハウスルールについて

ハウスルールは長々書いてあると読まれないので、シンプルな文面にするといいですね。「部屋では靴を脱いでください」とか「ゴミは分別でお願いします」といった程度のことを書けばいいと思います。

駅から家までの道順はＰＤＦでつくっておいて、事前にＡｉｒｂｎｂのメッセージで送っています。駅から家までの道順を動画で撮影して、Google drive という共有ファイルで送っています。来日前にメールで送信している人もいます。

私はゲストが最寄り駅に着いたら、自分で迎えに行きます。でも、駅で待ち合わせをしても、案内してあった出口にいてくれなくて、会うのが難しいこともあります。

――部屋の写真の撮影は？

Ａｉｒｂｎｂが派遣してくれる無料のカメラマンに撮影してもらいました。ほかに、クラウドワークスというインターネットの仕事検索サービスで、プロのカメラマンにも依頼しました。何十件も民泊をやっている人から「夜の写真は受けがいい」と言われたので、夜と昼の写真を公開したら、やはり夜の写真がよく見られています。欧米人の目は色素が弱いので、ほんわかしたライトが好まれるという説もあります。

Ａｉｒｂｎｂには最大１００枚の写真を掲載できますが、実際にはそんなに見られていませんので、20～30枚くらいあればいいと思っています。

――ゲストの料理や洗濯はどこまで手伝う？

私は他の仕事もあって時間がないので、ゲストのために料理も洗濯もしません。洗濯は「うちは乾燥機がないので、乾燥機のあるところでやったほうがいい」と説明して、グーグルなどでどこにコインランドリーがあるのかを教えます。

食事は、1階のリビングとキッチンは共有スペースなので、ゲストがつくりたいと思ったらいつでもつくれる環境です。でも料理をする人はあまりいません。せいぜいコーヒーを入れるぐらいです。

――外食のサポートは？

おすすめの店を教えて、紙に日本語で注文を書いてあげることもあります。ディナーのおすすめでラーメン屋を紹介したのですが、店では英語が通じないので「醤油ラーメンに味玉をのせたものを2つ」と書いてゲストに渡したら喜んでくれました。ゲストが味をしめて「次はこれが食べたいから、書いて」と頼んできたこともあります。

――家を貸すのに抵抗はなかった？

私は海外に住んでいたので、知らない人と家を使うのには抵抗がありません。一生ここに住むかはわかりませんが、オリンピックの年まではこのまま続けたいですね。

――売上の受け取り方は？

円ではなく、ペイオニアを通じて米ドルで受け取っています。私の場合、夫が外国人で仕事やプライベートでドルで受け取るのが便利で為替変動の影響をあまり受けないという利点があります。ただし、日本で生活していて、ほとんどドルを使う機会がない方の場合、日本円で銀行振り込みで受け取るのが便利でしょう。

――ホームステイ型のメリットとデメリットは？

ホームステイ型だとゲストと顔を合わせる機会が多いので、いいレビューがつきやすいですね。これはホームステイ型の特権かもしれません。何か困ったことがあってもすぐに対応できますし、改善点をゲストに教えてもらうこともあります。

デメリットは自由が効かないこと。メッセージがきたらすぐに対応して、チェックインの時間がわかったら、迎えに行かなくてはなりません。

――注意していることはなんでしょう?

掃除は、ノーメイクで髪をしばって行います。髪の毛1本落とさないように、シーツにはファンデーションがつかないように気をつけています。

――困ったことは?

予約しないのに、いろいろと聞いてくる人がいます。メールのやりとりが何度も続いてまるでチャット状態で、対応するだけで大変なこともあります。また予約を間違える人もいます。1カ月間違えた人や、あまり先の予約をされるのも対応に困ります。たとえば4月に予約を入れたけど、実は5月だったので変更したいと言ってきた人も。でもその人が予約した部屋は、5月はすでにほかの人で埋まっているので、空いている別の部屋にしてもらおうかとも思ったのですが、その部屋の予約をキャンセルすれば、そのことがホストの評価に響いてしまう。ホストの都合でキャンセルすると、優良な「スーパーホスト」になるのにマイナスになってしまうのです。

土屋明衣さんが手がける ホームスティ型民泊のお部屋

プロのインテリアコーディネーターをインターネットで探してお部屋のインテリアデザインを依頼。予約を増やすためにプロの力を借りることも有効。

最初、その仕組みがわからず、キャンセルの手配をしてしまったのですが、ゲストが予約を間違えたゲストのミスなので、ゲストにキャンセルしてもらうべきでした。このときはＡｉｒｂｎｂの相談窓口に電話してサポートしてもらいました。

――民泊の楽しさ、魅力は？

初月の２０１６年３月だけで10カ国30名、５月は19都市61名を受け入れました。お土産を持ってきてくれる人もいます。タイの人には、調味料や食材をいただきました。フランス人からは、コギャルの写真が載っているガイドブックを見せられて、「この人たち、今いるの？」と聞かれました。「やまんば」と言ったら、彼らもわかっていました。東京の渋谷にやまんばをテーマにしたカフェがあるらしく、彼女たちと一緒に写真を撮りたいと言っていました。

日本人の私でも知らないようなところをゲストから教えてもらったり、新しい発見があったりと、民泊は本当におもしろいです。お金では得られない交流が楽しいです。

今の家は先々まで予約が埋まっているので、もう１軒、近くで物件を購入して民泊にしようと計画しています。民泊を始めて、新しい世界が広がっています。

第3章

予約からチェックアウトまで

海外からの問い合わせにどう対応するか

第2章で紹介したリスティングページの作成はうまくいきましたか。ここからはゲストの予約が入った後の、チェックインからチェックアウトまでの流れを説明します。

Ａｉｒｂｎｂのサイトでは、各エリアで人気の部屋が紹介ページの上位に表示されています。また新規で登録した物件も、登録後しばらくの間は、エリア内の上位に表示されます。そのため、人気エリアでは登録後すぐに予約がきたという話をよく聞きます。

たとえば東京都の渋谷区で民泊を行っている女性は、Ａｉｒｂｎｂへの登録後、シャワーを浴びているたった数分間で、予約が入ったそうです。その物件は家族で滞在できる広さがあるため、ファミリー層向けで1泊７５００円、１人追加するごとに２５００円が加算される料金体系で、初月売上は40万円を超えたとのことです。

ゲストからのアクセスは、大きく分けて「今すぐ予約」と「予約問い合わせ」の2種類があります。

冒頭のマンガに書いたように、今すぐ予約ができる設定にしておくと、こちらが何も対応しないうちに予約が入ります。誰でもいいから泊まってほしいという人には、それでもいいかもしれません。ただしその場合は、どういう人が来るのかわからないという不安があります。

相手の顔写真やプロフィール、さらにはレビューを見て、どんな人なのか、過去にトラブルを起こしていないかを確認して、何度かメッセージのやりとりをしてから予約を決めたいのなら、「予約問い合わせ」の設定にしておくといいでしょう。

自分や家族の予定が入っていて、もうゲストを受け入れられない日は、事前にその日のカレンダーにブロックを入れることもできます。後は予約が入れば自動的にカレンダーが埋まるようになっているため、予約が重複することはありません。

ゲストからの予約問い合わせがくると、Ａｉｒｂｎｂから「事前承認しますか？」

というメッセージが届きます。問題がなければ、事前承認ボタンを押します。逆に断りたい場合は、承認しないこともできます。

この予約問い合わせのときにゲストはこの部屋に対する懸念事項を聞いてきます。

「羽田空港に着くのは22時頃です。そこからあなたの家に着くのが、遅くなるけど大丈夫ですか?」

「トイレとバスは共有と書いてあるけど、ほかに泊まるゲストはいますか?」

「3週間滞在したいけど、大丈夫ですか?」

「日本へ行くのは初めてです。あなたの家へ行く交通手段は?」

「モバイルWi―Fiはないの? ないならどこで契約できる?」

「布団のサイズは?」

どれも細かいことばかりですが、それに一つひとつ返信していきます。

ゲストのなかには一斉に数件、気になる部屋のホストに問い合わせを入れ、その反応を見てから部屋を決める人もいます。したがって問い合わせには、迅速丁寧に、かつ、わかりやすく答えることが求められます。ホスト側が事前承認をしたら、ゲストは24時間以内に正式な申し込みをしなければ、予約は無効になります。

こうした受け答えの「返答率」は、Ａｉｒｂｎｂのあなたのページの「ホスト〇〇さんの横顔」という欄に表示されます。ゲストの質問に答えなかったり、返事が遅れたりすると、ホストとしてマイナスの印象を与えてしまいます。

私の場合、時差の関係で夜寝ている間に問い合わせがあって、朝起きて急いで返信したら、すでに別の部屋に決められてしまっていたことがありました。

ホストに代わって民泊の問い合わせに対応する代行会社に勤務する女性は、20軒以上の物件を管理し、月１０００万円以上の売上を出しています。ただ彼女は、ほとんど「24時間対応」でメールの受け答えをしているので、「しんどい」と言っていました。

ゲストからの問い合わせのなかには、困ったものもあります。時にはこんなことを依頼してくるケースもあります。

「姉と２人で４泊したいのだけれど、姉は２日遅れて行くので姉の分はＡｉｒｂｎｂ

を通さずに現金で支払いたい」

私たちホストはゲストが滞在中に何かあった場合、Ａｉｒｂｎｂを通すことで1億円までの保険が適用されます。たとえば窓ガラスを割られてしまった、買ったばかりのベッドのマットレスにワインのシミをつけられてしまったというトラブルがあったときに、Ａｉｒｂｎｂにメールで写真を送れば、保険がおりる制度があります。

したがって、民泊の予約はすべてＡｉｒｂｎｂを通してやりとりするのが大前提ということを覚えておいたほうがいいでしょう。

ですから「Ａｉｒｂｎｂを通さずに」という依頼がきたら、断る勇気も時には必要です。またゲストのうち1人は4泊、もう1人は2泊したいというときは、そのゲストだけの「スペシャルオファー」を出すことで、料金設定をまとめて請求することができます。

ほかにも「宿泊料金をディスカウントしてほしい」というメールがくることもあります。これも考え方しだいですが、あまりそういうゲストが来ても、「コストパフォーマンスが悪い」などとレビューで書かれることがあるので、私はお断りしています。

ものすごくたくさんの質問をしてきて、こちらが1通1通丁寧に対応しているのに、結局は予約をしない人もいます。こちらとしては不思議としか言いようがないのですが、メールでやりとりする中で、なんとなくその人となりがわかるようにも思います。

なかには逆に、質問もメッセージも何も入れずに予約をする人もいます。別に悪気があるわけではなく、とくに質問することがないのでしょう。

そうした場合も、できれば予約が入った段階で、

「予約をしてくれて、ありがとうございます。会えるのを楽しみにしています」

という一言をホストの側からメールで送っておきたいものです。

予約が入ったらチェックインの方法を伝える

予約が確定したら、Ａｉｒｂｎｂから自動メッセージでゲストに旅程表と確認コードが送られます。そのとき同時にリスティングページで設定しておいたチェックイン、チェックアウトの時間、住所とマップ、ハウスルール、領収書なども送られます。

また当日の具体的なチェックインの方法は、ホストとメッセージで直接やりとりをするようにというメッセージがＡｉｒｂｎｂからゲストに伝えられます。

ゲストの予約が入った後に慌てなくてすむように、事前に「チェックインの具体的な方法」を英語でまとめておき、メールで送るだけの状態にします。具体的には、第2章で説明したように、「最寄り駅から家までの道順」の解説が必要です。さらに駅までホストが迎えに行くのか、ゲストに自分で家まで来てもらうのかの確認も必要です。

私自身、最寄り駅のどの改札口から出ればいいいか、どの場所でどちらの方向に道を

最寄り駅から家までのルートマップ

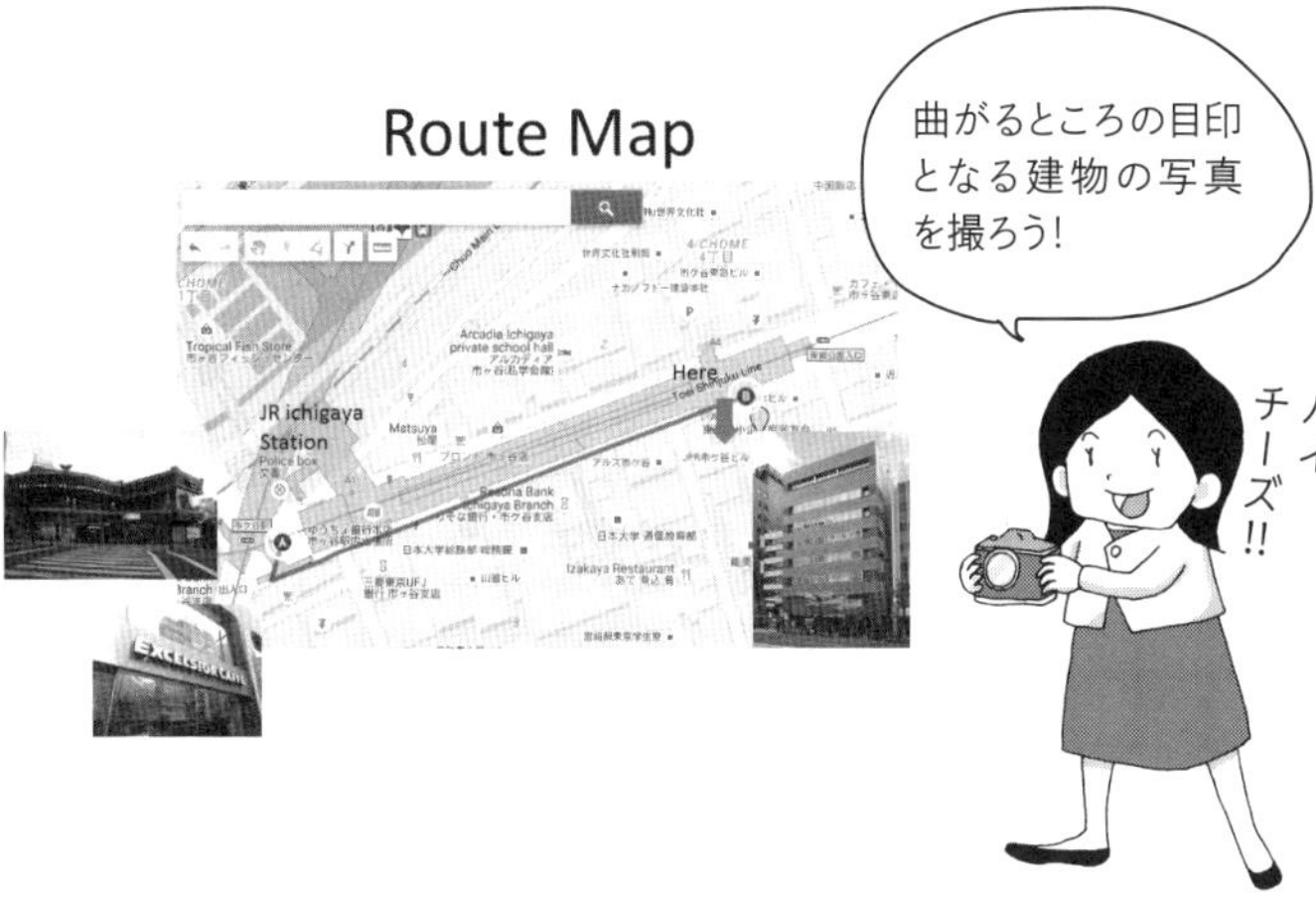

ルートマップの作り方

①	駅から家まで目印となる建物の写真を撮る
②	パワーポイントやワードで写真と文章で駅から道順を書く
③	PDF化して、クラウドかサーバーにUP(DropBoxなど)
④	余裕があれば動画で撮影してYouTubeにアップしたり、上の図のようにグーグルマップの画面を入れてもわかりやすい マップ作成は「グーグル マイマップ」で最寄り駅から家までのルートを簡単に作成できる

曲がればいいかなど、目印となる場所を撮影した写真を入れて、駅から家までの道順を書いた文章をグーグルマップとパワーポイントでつくり、ＰＤＦにしました。それをＤｒｏｐｂｏｘやファイヤーストレージなどファイル共有サイトにアップして、ゲストにそのリンクを送ります。Ａｉｒｂｎｂでは、監視の目が行き届くようにＡｉｒｂｎｂ以外のサイトのアドレスや個人のメールアドレスが送信できないようになっていますが、予約確定後は、ゲストにリンク先のＵＲＬなどを送ることができます。

Ａｉｒｂｎｂのホストのなかには動画で道順を撮影しておいて、ユーチューブにアップしている人もいます。都市部の場合、空港からのアクセスがわかりやすいように、パワーポイントなどで簡単な電車路線図をつくって画像としてリスティングページにアップしておくのもいいアイデアです。

ゲストがだいたい何時くらいに着くのかを聞いておいて、当日はその時間には家にいるようにします。都合がつかず、ホストが不在のときにチェックインをしてもらう場合は、暗証番号つきのキーボックスを玄関付近に設置し、その中にカギを入れ、暗証番号を伝えておく方法もあります。この暗証番号については、ゲストごとに番号を変更するなどの防犯対策も考えておきましょう。

チェックイン時間の前後に、ゲストからメッセージが届くことがよくあります。「飛行機の都合で遅くなる」「予定よりも早くチェックインしてもいいか」などです。パソコンを開かなくてもいつでもメッセージを確認できるように、スマートフォンにAirbnbのアプリを入れておくと便利です。

私が取材していたなかに、ホスト不在のときのチェックインのときに、ゲストがマンション内の部屋番号を間違えて、大騒ぎになってしまったケースを耳にしたことがあります。

また予約した部屋の最寄り駅には各駅停車しかとまらないのに、ゲストが間違えて急行に乗ってしまい、なかなか目的の駅にたどり着かなかったという話もありました。あらかじめ「各駅停車しか停まらない」など、間違えやすい点は伝えておきましょう。家までのアクセスが複雑な場合は、やはりゲストを迎えに行ったほうがいいこともあるかもしれません。郊外や地方の場合は、車で迎えることが欠かせないケースもあるでしょう。

ゲストは長旅で疲れていることが予想されます。スムーズにチェックインできるように、ベストな方法を準備しておきたいものです。

初めてのゲストをどう迎え入れるか

ホストのみなさんに取材をするうちに、どのお宅でも初めてゲストにはそれぞれに格別な思い出があることが分かりました。緊張したり、張り切っておもてなしをしたりしているようです。

わが家では、民泊サイトに登録してわずか30分で3日後の予約が確定し、スイス人男性が1人で5日間も宿泊することになりました。

彼のプロフィールの写真欄に載っていたのはシュールなイラストのみ。何か顔を載せたくない事情があるのだろうか……という一抹の不安を抱きつつ、私たち夫婦は当日、今か今かと彼が来るのを待ち構えていました。

そして「14時半ぐらいに着きそう」という彼からの知らせどおりの時刻に、わが家初の民泊ゲストは到着しました。

するとどうでしょう。私たち夫婦の心配をよそに、わが家の玄関にはまるで映画に出てきそうな爽やかな青年ゲストが立っているではありませんか。
トイレやお風呂の使い方などをひと通り説明して、私はリビングで彼にコーヒーを出しました。

その後、夫と３人で近所のラーメン屋に行きました。ゲストは上手に箸を使って、醤油ラーメンを完食していました。

家に戻ると、フランス人カメラマンを出迎えました。ちょうどこの日、Ａｉｒｂｎｂの専属カメラマンに家の写真を撮ってもらう予定が入っていたのです。
これはＡｉｒｂｎｂのサービスで、どの家でも１回だけ、プロのカメラマンにサイトに掲載するための写真を撮ってもらえます。しかも新規のホストが公式カメラマンの写真をアップすると、Ａｉｒｂｎｂサイトの紹介ページでも一定期間、目につく上位の位置に部屋の案内が掲載されるため、予約が増えるのだとか。その撮影は10分ほどで終了しました。

この日は桜が満開で、近所の公園で桜祭りが行われていたので、その後ゲストを誘って繰り出しました。満開の桜にゲストは喜び、スマートフォンで写真を撮ったり、出店を見たり、すべてが物珍しく、気に入った様子でした。

3人並んでビールを片手に焼き鳥やたこ焼きを食べていると、公園にセットされた舞台で津軽三味線の演奏が始まりました。それを聴きながら、彼は言いました。

「これはカントリーミュージックだね。いい音色だ」

次に舞台に上がったのは、有名な演歌歌手でした。女形の衣装でしっとりと女の情念を歌い上げています。

「彼はとても有名な演歌歌手なの。あの人、実は男なのよ！」

説明しなくてもわかるかもしれないことを、私は興奮してゲストに伝えました。

その後、舞台では学生マジシャンの手品や芸人さんの漫談が披露され、会場はお開きに。私たち3人は家に帰り、そのままビールを数本空けながらスマートフォンの翻訳アプリを頼りに会話をしました。互いに何を言っているのかがわからないときは、首をかしげて「よくわからない」という顔をすると次の話題に移る、といった調子でした。

彼はスマートフォンで実家の写真を見せてくれ、消防署でボランティアをしていたときの話もしてくれました。スイスと日本の文化について語り合っていくうちに、互いに初めて使ったＡｉｒｂｎｂの話題に。旅慣れた彼はこれまでにもカウチサーフィンをよく利用していて、人の家に泊まり歩くことには抵抗がないそうです。

「カウチサーフィンは無料なのがよくない。かえって気を使う。Ａｉｒｂｎｂのように、宿泊費を取ったほうが借りるほうも気が楽。ただ、家を見知らぬ旅行客に貸すのは危険だから、自分だったらしない。火事になったり、強盗にあったりする危険があるから。どんなことがあるかわからないので、君たちも気をつけたほうがいい」

まさか最初のゲストに、民泊は危険だと諭されるとは思ってもみませんでした。でもこんなことを言う人が何かするわけがないと、彼の言葉は逆に私たちを安心させてくれました。

結局彼は、5泊した後に2泊延泊し、わが家に7泊していきました。しかも最後の3日間は、私たち夫婦は北海道取材で家を不在にしていたので、チェックアウトは彼任せ、カギの管理もお願いしてしまいました。

北海道滞在中、同行した仕事仲間にその話をすると、驚かれました。

「えっ！　不在の家で大丈夫？　何かあったらと心配じゃないの？　信じられない」

そう考えるのも当然です。私もつい1週間前まではそう思っていたのですから。でも取材後、帰宅して家の中を確認しましたが、とくに問題はなく、きれいに使われていました。

ゲストもホストをお互い初めてＡｉｒｂｎｂを使う同志で、お互いにお互いの距離感を探り合いながら過ごした気がします。

数日後、ファーストゲストの彼はレビューに良いことを書いてくれ星５つをつけてくれました。これを見て予約する人が増えると思うと、やはりファーストゲストは大切にしたいものです。

スイス人男性ゲストとの交流に心躍った数日間。私たち夫婦は、つくづく実感したのでした。

「民泊って楽しい！」

ゲストが来訪したらまず家の中を案内する

ゲストがチェックインしたら、家の中を案内します。まずはゲストルームの電気のスイッチの入れ方やエアコンのリモコンの使い方などを説明します。

英語が不慣れなホストの方は、第2章で紹介した「ハウスマニュアル」を事前につくっておき、それを見てもらいながら機器の使い方を説明すれば、問題ないはずです。

ゲストにとってわかりにくい箇所には、シールや付箋、プレートなどに、簡単な操作方法を英語で書いて貼っておくと安心です。

たとえばわが家の場合は、洗面所に浴室とトイレ、換気扇の3つのスイッチが並んでいますが、日本語で書いてあるため、どれがどのスイッチなのかわかりにくいので、シールに英語でどのスイッチかを書いて貼っています。

トイレの使い方は国によって異なることがあります。聞いた話では、アジアからのゲストが使った後、なぜかトイレの貯水タンクの蓋が床に置いてあったことがあるそうです。なぜそうなるかはわかりませんが、おそらくゲストも苦心したはずです。ですから洋式トイレにはどのように座わるのか、どのボタンを押したら水が流れるのかや、ウォシュレットなどの温水洗浄便座の使い方も教えておくといいでしょう。間違えてボタンを押したら、水浸しになってしまいます。

またトイレットペーパー以外のものをトイレに流す人もいるそうで、排水溝がつまって修理の人を呼んだという話も聞きます。流すのはトイレットペーパーだけだと伝えておきましょう。

お風呂の使い方を説明するときには、シャワーの出し方を説明します。ゲストの大半がシャワーだけを使うようですが、浴槽のお湯に浸かりたいというゲストもまれにいます。

わが家では日本の温泉文化を体験できるように、入浴剤を置いて、お湯に浸かりたいゲストには、湯のはり方も教えています。この温泉風お風呂はゲストに受けているようで、湯に浸かった写真を撮ったという人もいました。

ほかにゲストに伝えておくべきことに、それぞれの土地の暗黙のルールである「ご近所マナー」があります。たとえばわが家の場合は、住宅密集地にあるので隣近所への配慮として「夜間は静かに」「パーティをしないこと」をお願いしています。

マンションの場合は、カギのかけ方やオートロックの解除の方法など、慣れないと間違えて警備会社を呼ぶようなことになります。操作が難しい場合は、ゲストに一度カギの施錠を試してもらい、正しくできるかどうかを確認する必要があります。

また海外旅行客にとって、日本の非常ベルは目にとまりやすいようです。赤い色でPUSHという文字が書いてあるためか、民泊で滞在したゲストが間違って非常ベルを押してしまったケースを複数回、耳にしました。非常ベルは非常時にしか押してはいけないこと、一度押したら大騒ぎになることを事前に知らせておきましょう。

でもいくら説明してもわかってもらえないこともあります。その場合は、相手の様子を見ながら、時にはきつく注意することも必要です。

おもてなしはどこまですればいいのか

受け入れ側のホストには、「ゲストをできる限りもてなしたい」と思う人もいれば、「必要最低限の交流でいい」と考える人もいるでしょう。

もし、あなたが朝食をつくってもてなしたいならば、Ａｉｒｂｎｂのリスティングページの「アメニティー」欄に「朝食」の項目があるので、チェックを入れます。

ほかにも、ゲストが喜びそうな日本らしいシャンプーやリンス、スキンケア用品などを用意しておくのもおもてなしの一つです。

貸し出す物件のエリアの英語のガイドブックや、近くの観光名所のパンフレットの英語版をそろえておくのもいいでしょう。

東京都では毎年、外国人旅行者向けに無料のガイドブックを9言語10種類（日・英・中（繁）・韓・仏・独・西・伊・タイ）で作成し、区役所などで無料配布しています。

私は区役所で5種類ほどもらってきてゲストルームに置いていますが、ゲストに好評です。

中国人や韓国人のゲストが宿泊したときに、次のゲストのために自分達が使った美術館やテーマパークなどの中国語や韓国語版のチラシを置いていってくれました。その後宿泊する同じ国の人が喜んでくれたのは言うまでもありません。

またＡｉｒｂｎｂのサイト上には、ガイド機能といって、自分がすすめる飲食店や観光名所の場所を示す情報提供欄があります。

夕飯におすすめの定食屋やお寿司屋さん、居酒屋、ラーメン屋など、外国人旅行客が喜びそうな場所を事前にガイド機能で選択し、紹介しておくと喜ばれます。

この情報提供欄には、コインランドリーやドラッグストアの場所、外国人旅行客に人気のユニクロや家電量販店の場所もあらかじめ入力しておくと、急に聞かれて慌てることもないでしょう。

ゲストによっては、ホストとの交流や過度のおもてなしを求めていない場合もあります。

たとえばわが家のゲストの場合、日本との時差が17時間もある国からの旅行者は、日本に来ても昼夜逆転の生活をしていました。夜起きて、朝帰りすることもしばしばで、昼間はいびきをかいて気持ちよさそうに寝ていました。

そのゲストの場合は、そっとしておいて、ほとんど声をかけることもしなかったら、

「プライバシーが確保された部屋で、ゆっくりと休むことができた」

と喜んでくれ、星5つをくれました。

民泊を始めたばかりの頃はゲストの部屋に掃除機をかけてゴミを捨てていましたが、あるゲストに、そこまでやる必要はないと言われてからは、滞在中は部屋に入らないことに決めました。

またあるときは、トイレの使い方に関してこう言われたこともあります。

「トイレットペーパーの端を三角に折るのは、過剰なおもてなしでは?」

日本では、ファストフード店やホテルの従業員が「清掃ずみ」のサインとして、トイレットペーパーの端を三角に折りたたむことがあります。しかしそんなことは外国人が知る由もなく、人によってはトイレを利用した手で紙を三角に折るのは不衛生だ

と考える人もいます。したがって、うちでは三角に折るのをやめました。

喫煙については、わが家では家の中を禁煙にしていて、タバコを吸うときは家の外でお願いしています。その喫煙場所に関して、こんなエピソードがあります。

夫もタバコを吸うので、あるときベランダで煙をくゆらせていると、ちょうどゲストが帰ってきました。ゲストは自分の帰りを夫がベランダで待っていたと勘違いしたようで、後々、非公開のレビューにこんなコメントが。

「ゲストの帰りを待っていなくていい。ゲストは夜遅くまで友だちに会いに行ったり、自由にしたいと思う」

夫は決して待っていたつもりはなかったのですが……。

帰宅時間については、ゲストのなかには六本木など、夜の東京を楽しむ方もいます。最初はゲストの帰りが遅いと心配しましたが、あまり気にしなくてもいいようです。

一方、交流やおもてなしを喜ぶゲストもいます。でも、すべての要求に従う必要はありません。食事に行こうと誘われることもありますが、「仕事で手が離せない」と言えばわかってくれます。日本人は、つい相手の顔色をうかがってしまうところがありますが、外国の方ははっきりしていて、断ってもあまり気にしません。

民泊を行っているとあるホストの男性は、たまたまゲストのお子さんと自分の子どもが同い年だったこともあり、家族ぐるみで仲よくなったそうです。幼児同士、言葉は通じなくても、遊んでいるとわかり合えるのでしょうか。2家族で鎌倉に行き、いい思い出ができたとゲストにも喜んでもらえたようです。

このような交流を楽しみたい人は、ゲストに確認をとって、一緒に観光したときの写真をＡｉｒｂｎｂのリスティングページの部屋の写真の後にアップしておくと、その後も、同じように交流したいと思うゲストの予約が入るようになります。観光案内もしてくれるホストとして、好印象を与えるようです。

チェックアウトでゲストをお見送りする

いよいよ最終日。ゲストを見送る日がくれば、後はチェックアウトを待つだけです。

チェックアウトの時間はあらかじめリスティングページに書いてありますので、ゲストも把握しています。

チェックアウトの時間が近づいたら、声をかけてもらったり、Ａｉｒｂｎｂのメール機能で「今日の○時にチェックアウトするよ」と連絡をしてもらったりして見送ります。

カギを渡している場合は受け取り、忘れものがないか、ゲストルームを確認します。

チェックアウトに立ち会えないときは、チェックインのときと同じように、キーボックスにカギを入れてロックをするように伝えるなど、カギのルールを決めておくといいでしょう。

ゲストによっては、飛行機の時間などの予定がありますので、朝早くチェックアウトをする人もいれば、昼過ぎまでいさせてほしいという人もいます。わが家の場合は、昼過ぎまでチェックアウトを延ばしたゲストからは、「お礼に」とワインとパンをもらいました。

ホスト側の都合がつく限り、ゲストのために融通を利かせてあげてもいいかもしれません。

ゲストが部屋を気に入って延泊したいと伝えてきた場合は、Ａｉｒｂｎｂを通して、申し込みをするように伝えます。これはＡｉｒｂｎｂを通さずに宿泊した場合に何かあったら困るからです。前述したとおり、Ａｉｒｂｎｂを通すことで、保険が適用されるなどのメリットがあります。

ゲストルームの掃除は何をすればいいか

ゲストがチェックアウトしたら、次のゲストがチェックインするまでに部屋の掃除をします。同じ日に、前のゲストのチェックアウトと次のゲストのチェックインがある場合は、掃除の時間も限られます。

たとえば最初にシーツやタオルを洗濯機に入れてから掃除機をかけるなど、効率よい段取りを考えて掃除をするようにしましょう。

掃除の主な内容は次のようなことです。

・床に掃除機をかける
・布団シーツと枕カバーを洗う
・タオルを交換する
・お風呂、トイレ、洗面所、冷蔵庫や電子レンジの掃除

・ゴミを分別して捨てる
・トイレットペーパーやシャンプーなどのアメニティーグッズを補充する
・使用ずみのコーヒーカップなどを洗う

床に掃除機をかけるときは、小さいホコリやゴミを残さないように注意したいものです。髪が長い方の場合、髪の毛が落ちないように、ゴムでしばる、まとめるなどして掃除をするといいでしょう。

布団シーツを洗った後は、シワが目立たないように配慮します。わが家の場合は、アイロンをかける手間を省くために、あらかじめシワが目立たないシーツを買い、干すときには、シーツの裾を引っ張って伸ばし、パンパンと叩いて干しています。また洗う時間がないときのために、同じ柄のシーツと枕カバーを2組用意しておくと、替えのシーツを代用できるので安心です。

タオルも洗ったものと交換し、布団の上などにセッティングしましょう。タオルを筒状に丸めてリボンをかけたり、折り紙でつくった鶴をタオルの上に置いたりするなど、ゲストが喜んでくれるように、ホストの方たちはそれぞれ細かな気配りをしているようです。

ゴミの分別は、外国人ゲストには難しいため、ホストがまとめて外に出すほうがゴミ収集業者や近隣とのトラブルを避けられます。ゴミ箱は「Burnable（燃えるゴミ）」「Non-burnable（燃えないゴミ）」と「ビン、缶、ペットボトル」(bottles, cans and plastic bottles)」のせいぜい3つに分けて、英語で書いたラベルを貼ったものを用意しておきましょう。日本のゴミの仕分けは外国人から見ると複雑です。部屋のゴミ箱がいっぱいになったら部屋の外に出してもらい、それをホストが仕分けをして、地域のルールに沿ってゴミを出すのがいいでしょう。

キッチン周りでは、電子レンジの中の汚れをふき取ることを忘れずに。前のゲストが使ったときの汚れが庫内に飛び散ったままになっていて、次のゲストが不快な思いをしたという話を取材で耳にしたことがあります。

仕事があって時間がないなどの理由で、自分で掃除ができない場合は、清掃代行業者に任せることもできます。または地域の「シルバー人材センター」などを利用して、ご近所のシニアに掃除をお願いする方法もあります。

清掃の代行業者に頼むときには、「電子レンジの中まで毎回ふき取る」といったふうに、細かく指示しておくことをおすすめします。代行業者のなかには、掃除に慣れていないアルバイトの学生を派遣してくるところもあるようで、きちんと掃除されていなかったせいで、ゲストからクレームがきたという話もよく耳にします。急成長のビジネスで手が回わらないこともありますので、業者選びは慎重に。

またシーツなどのリネン類の洗濯だけを代行する業者もあるので、コストを抑えて条件に合ったところを選びましょう。

民泊では宿泊費とは別に清掃料を設定することもでき、1回の滞在につき1000円など、料金も自由に設定できます。初めから宿泊費の中に清掃料を含めることもできますが、宿泊費をなるべく安く設定して、清掃料を別途上乗せしたほうが、ゲストにとっては宿泊費が安く見えるように思えます。

築50年のアパートの1室をジブリ部屋に

チケットが入手困難になるほど大人気の「三鷹の森ジブリ美術館」に近い立地を活かして民泊を始めた斉藤綜太郎さんは、一定の条件をクリアした人だけがなれるスーパーホストに2期連続で選ばれた実績の持ち主です。

親から引き継いだ築50年の老朽アパートを、リフォームに頼らないコンセプトで、人気の民泊物件に仕上げています。

斉藤綜太郎さんプロフィール

40代男性、スーパーホスト、民泊アドバイザー。所有する築50年の老朽アパートを管理するかたわら、1室で民泊を開始。その部屋のすぐ隣に住みながら民泊の管理を行う。そのほかに2軒で民泊を運営。目まぐるしく変わる民泊最新事情に詳しい。

――民泊を始めたのはいつ、どこで？

２０１５年の夏に始めました。ちょうどいい時期にスタートして、あっという間に予約が埋まりました。所有しているアパートの１室とほかに２軒運営しています。築50年のアパートでは、12室のうち空いている部屋が２室あって、その１室で始めました。古いので、家賃３万円台に下げても入居者が決まらず、リフォームにお金をかけるような投資もしづらいので、民泊をやってみることにしました。

――宿泊費やゲストの傾向は？

１ＤＫの部屋に、１回の予約で２人以上来ます。月にして、たとえば８割埋まれば25泊。宿泊費は１人４５００円、繁忙期で５０００円。計算すると月の売上が10万～12万円です。賃貸に出していれば、家賃３万円。その３倍以上になることを考えると、民泊のほうが実入りがいいですね。

アジアからのゲストが全体の５～６割。中国、台湾、韓国ですね。アメリカが２割。その時々で男女比も変わります。男性女性のカップルで来ることもあれば、親子で来ることもあります。

――ジブリ部屋にしたきっかけは？

「三鷹の森ジブリ美術館」がうちのアパートから徒歩圏内にあるので、それをコンセプトにしたらピッタリはまったんです。民泊も競争が始まっていますから、差別化のためにジブリ部屋にしました。「風の谷のナウシカ」のポスターを貼ったり、「千と千尋の神隠し」に出てくる「カオナシ」の置き物を飾ったり、トトロの貯金箱をチップ入れにして玄関に置いたり、英語で書かれたジブリ関係の本を部屋に置いたりすることで、ジブリファンが喜んでくれます。ゲストの４人に１人がジブリファンです。

――コンセプトのつくり方は？

どういう人たちが利用するのか想像してプランを練ります。ファミリー向けか、カップルか、頻繁に移動する人たち向けの部屋なのか。部屋の大きさ、間取りだけでなく、場所によって変わります。たとえば浦安市の舞浜なら東京ディズニーランドへ行く人に向けた部屋づくりをしますが、このコンセプトには弱点もあります。ディズニーランドは１日か２日行けば十分だから連泊はしないのです。

ファミリー向けであれば、広めでキッチンがあるのがいい。交通の便も大事です。

空港から来るときに乗り継ぎが多いのも嫌われます。1本で来られるJRが好まれます。また駅から歩いて15分では遠いので、5～7分以内にすべきです。

――人気エリアでの対策は？

東京の新宿、渋谷は物件が多いため、2LDK以上の広めの部屋にしたり、インテリアデザインを凝ったりと価格競争に巻き込めれないための差別化が必要です。郊外ならニーズが少なくてもライバルも少ない。たとえば立川市は家賃が安いので、長期滞在者向けです。2週間くらいの長期滞在を狙うのも悪くありません。駐車場があれば、車で移動する人向けに安く貸します。

――あるといい設備は？

Ｗｉ－Ｆｉの設備は必須です。固定タイプとポータブルタイプの両方を用意した方がいいですね。ポータブルは限度があるものもあるので、1日170メガバイトまで使えるものがいいですね。Ｔｗｉｔｔｅｒ（ツイッター）やフェイスブックを見るぐらいなら1日170メガバイトで十分ですが、動画の場合は許容量を超えることもあるので、ゲストに「容量を多く使うならフリーＷｉ－Ｆｉが使えるスターバックスで見たほうがいい」と伝える必要があります。

――初期投資はどのくらい？

私の場合、所有していたアパートで始めたので、初期投資は家電や家具だけでした。そのうち大きく占めたのはエアコンです。それまで使っていたエアコンは水が部屋に漏れていたので、排水工事を含めて７万〜８万円かかりました。

ほかに冷蔵庫、布団、家具まで合わせて30万円くらいです。椅子やテーブルはイケアで買いました。布団は１セット１万円。

――ハウスルールはどのように？

問題になりがちなのが、ゴミ出しです。「月曜は燃えるゴミ、木曜はプラスチック」などと言っても、ゲストには難しいです。ある程度、部屋のゴミ箱にまとめてもらって、時々回収に行ったり、みなさん３〜５泊が多いので、部屋にまとめてもらって、チェックアウトのときに回収したりしています。

私自身がゲストに貸している部屋のすぐ隣に住んでいるので、音の面で、あまりにうるさい場合は、一言いいます。後はハウスマニュアルに書いておきます。

――ゲストに聞かれることは？

一番多いのは「三鷹の森ジブリ美術館」のチケットをなんとか入手できないかという話です。ジブリのチケットは海外にもエージェントがあるので、そこで買うのが正規ルートなのですが、割当が少ないらしくほとんど売り切れてしまうそうです。チケットが欲しいゲストには滞在中、ローソンに行って、Ｌｏｐｐｉ（ロッピー）という機械で買うことをすすめています。

――コミュニケーションとレビューについて

前職の関係で英語を仕事で使っていましたので、民泊で使うコミュニケーションは問題ありません。よく外国から来る取引先のお客さんを接待していましたので。ゲストを案内するくらいは問題ないです。

――新規参入者、繁忙期・閑散期について

最近はホストが増えて競争が激化しています。かなり供給過多という印象ですね。12〜2月は需要が減ります。また、地域によって閑散期が異なるので地域の季節要素も念頭に入れる必要があります。4月の桜の時期や秋の紅葉の時期は比較的、予約が入りやすい印象ですね。

――注意すべきことは?

掃除や管理は代行業者を使うこともできますが、まずは自分でひととおりこなしてみることです。そうすることで、掃除の大変さやどんな作業が必要なのかを把握できます。この感覚がないと、外注をうまく使いこなせません。

最も注意すべきは、ご近所さんとの関係です。隣近所数件まわって、「何かあったら連絡をください」と挨拶しておくべきでしょう。

――日本の民泊で人気の部屋は?

和室は外国人旅行客の反応がいいですね。ベッド派と布団派でどっちがいいかという議論はありますが、和風の部屋は旅館を連想させるのか、日本的と人気があるようです。日本ならではの個性をアピールするやり方はまだまだ通用すると思います。

――今後の民泊はどうなる？

地方では、世話好きなお年寄りが民泊をやっていて、触れ合いを求めるゲストから人気を集めているケースがあります。言葉は通じなくても、グーグル翻訳などを駆使して民泊を楽しんでいる方が増えています。シングルマザーやセミリタイアしたシニア、障がい者が社会で活躍できる場を民泊が与えているケースも増えています。

Ａｉｒｂｎｂのほかに、今後はゲストとホストをつなぐ「プラットフォーム」で使いやすいものがどんどん出てくるでしょう。

日本人のゲストも今後は増えると思います。たとえば、日本のビジネスマンが出張でホテルを予約したいのに、観光客で予約がいっぱいで、部屋が取れないときに民泊を利用するケースもあります。実際に、最近は日本人のゲストが徐々に増えてきています。使ってよかったという記事も見かけるようになりました。

今後は民泊に対する日本人のマインドも、もっと改善されていくでしょう。

★★★★☆

第4章

ここで差がつく民泊テクニック

富山の古民家でゲストの気持ちを実感した

民泊を始める人が増え、日々競争は激しくなっています。

そこで第4章では、いかにして予約を取るか、売上を伸ばすかなど、差がつく民泊テクニックを紹介します。


民泊サイトで、宿泊者を募集するページを公開してしばらくすると、ある変化に気づくことでしょう。

「あれ？　最初の頃のように、問い合わせがあまりこなくなった……」

このまま予約が入らなくなったらどうしようと、一抹の不安に襲われます。


でもこのことをホスト仲間に相談すると、「誰でも通る道」のようです。わが家も、新規のときは検索上位に表示されていましたが、毎日ほかの新規物件が登録されることで、だんだん下に表示されるようになり、人目に触れる機会も減ってしまったのです。

ちなみにＡｉｒｂｎｂ社のヘルプ機能で操作に関することなどさまざまなことが調べられます。検索結果の順位を上位にする方法も調べられます。それによると、「リスティングの質、旅の体験、予約のしやすさ、ゲストの嗜好」の４つが重要だそうです。ゲストの閲覧回数の多さ、レビューの質、ゲストに対する返答率や承認率、キャンセルしないといった日々の積み重ねが、上位に表示されるために重要です。

わが家の場合、ゴールデンウィーク開けから梅雨の時期に突入したのもマイナス要因だったようです。この時期、日本は海外旅行客に人気がないようで、やや閑散となってしまうとのこと。そこで私と夫は、富山に講演に行くときに、ゲストの気持ちを味わってみようと、民泊で宿を取ることにしました。


リスティングページを見比べる中で、風情ある日本家屋と、伝統工芸の職人さんの写真に興味を持ち、予約問い合わせを入れてみると、ものの数分でホストからさっそく返事がきました。

「お２人ともホストをされているのですね。エリアを見たら、あなたの家は私の実家の近くにあるようです。こちらにいらしてチェックインされるときに駅まで迎えに行きますので、ご連絡くださいね」

その素早い対応と、こちらとの共通点を見つけてくれたことに、私が親近感を持ったことは言うまでもありません。

またホストとしての自分を振り返り、海外との時差や仕事をしていてゲストからの連絡にすぐに返事を出せていないことに罪悪感を覚えました。

ゲストは、初めてコンタクトするホストには、「この家で大丈夫かな」「ホストと気が合うだろうか」と、少なからず不安を感じてしまうものです。できるだけ早く、好感の持てる返信をすることが大切と、ゲストの身になって実感しました。

ここのホストの山崎圭さんは、日本の伝統工芸の職人さんと海外からの旅行客をつなげるサービスを行っています。圭さんはこのサービスをＩＲＯＲＩと名付け、サイト（http://iroritravel.com/）を立ち上げ、海外から旅行客を募っています。集客とＰＲの一環として、民泊を始めたとのことでした。

富山では空き家が多く、私たちが泊まった家も、築50年ほどの古民家の空き家を借りて民泊を始めたそうです。旅行者から希望があれば、地元の伝統工芸の職人さんの工房を見学したり、話を聞かせてもらったりする機会を設けているとのことでした。

富山では鋳物の職人さんも多いようで、このような日本のローカルエリアの伝統工芸を世界に伝えたいという一心で、東京から馴染みのない富山に移住を決めた圭さんのまなざしは真剣そのものでした。今後は茅葺屋根があるような日本ならではの家に、海外からの旅行客を宿泊させる手伝いがしたいと展望を聞かせてくれました。

民泊を通して、このような斬新な企画が、日本全国で広がろうとしているのです。

私はゲストの視点で民泊を見ることはとても勉強になるので、「ハウスマニュアルはありませんか？」「シャワーを浴びたいのですが、タオルはどこですか？」「夜、外食をしたいのですが、カギはどうしたらいいでしょうか？」「ゴミはどこに捨てたらいいですか？」と、さまざまなことを圭さんに聞きました。

そしてその夜は、圭さんから教わった近所の居酒屋へ。駅前のシャッター通りにぽつりぽつりと店の明かりが点るなかで、圭さんが教えてくれた居酒屋は地元の人であふれかえっていました。私たち夫婦はカウンターで圭さんおすすめの地酒を堪能し、締めに、駅前の富山名物のブラックラーメンの店で真っ黒なラーメンを食べました。これはホテルに泊まったのでは味わえない貴重な体験です。

翌朝目が覚め、カーテンを開けて窓の外を見ると、そこにはツタの覆った味わいある民家がずらりと並んでいたのです。私は愕然としました。

これらの民家の1軒が民泊に使われていることで、この街はどのように変わっていくのでしょうか。その街並みを眺めながら私は、何か一つの光を見たような気がしました。

地方にこそ、民泊の可能性がある――。

取材で幾度となく聞いた言葉を、実際に、この目で見て実感したのです。

認証バッジで信頼され長期滞在者を増やす

民泊サイトにホストやゲストとして登録をするときには、個人認証を受けます。あなたが登録する個人情報の内容に間違いがないかどうかを、Airbnbが確認・照合するのです。

顔写真、電話番号、メールアドレス、またはフェイスブックやグーグル、LinkedIn（リンクトイン）などの外部アカウントが認証されると「認証バッジ」と呼ばれるアイコンがつき、あなたのプロフィール欄に表示されます。

ゲストが宿泊を希望する部屋のホストにこの「認証バッジ」がついていれば、「この項目はAirbnbの確認済み」ということがわかるので、バッジが多ければ多いほど、身元が確かで安心でき、信頼度も高くなります。

認証項目の中で、最も信頼度を高くするのは、公式の身分証明書の情報を照合する「ID認証」です。身分証明書の種類は、国が発行するパスポートと運転免許証の2種類。運転免許証は登録のときにカスタマーサポートに連絡して、認証してもらう必要があります。パスポートは自分の写真があるページをスキャン、あるいはスマートフォンのカメラで撮影し、画像をアップロードします。その後、認証の確認が取れれば、ID認証が完了します。

個人情報の登録をここまで厳密にしているところは、Airbnb以外のインターネットのサービスにはないかもしれません。でもゲストの立場からすれば、身元が明らかで信頼できるホストのところに泊まりたいと思うのが自然でしょう。

情報の公開は、ホストとゲストを安心させ、旅先での宿泊をより素晴らしいものにするためのものです。パスポートの情報は、Airbnbだけに提示するものであり、ゲストやそのほかの人に見られることはありません。

認証やレビューが増えていくと信頼度が増し、長期滞在者からの予約がぽつぽつ入り始めます。長期滞在者は長い場合で１カ月、なかには半年間家を借りたいというオファーもありました。日本の大学と海外の大学の交換留学生や語学留学に来る学生からの依頼がわが家にありました。宿泊費が安いと長期滞在者に好まれます。

長期滞在の場合は、頻繁にゲストが入れ替わらないため、メールのやりとりやチェックイン、掃除などの手間を省くことができます。手間を減らしたいなら、長期滞在者を増やすために、長期割引を設定してみるといいでしょう。

価格設定のところに「長期割引」の設定があり、週割と月割の割合を設定できます。たとえば週割は10％、月割は20～30％にディスカウントする設定にしておきます。そうすると長期滞在をするゲストにとっては滞在しやすい金額になり、長期滞在のオファーが増えるきっかけになります。

しかしホストにとっては、割引することで売上がダウンします。

最初から長期滞在者を狙うと、レビューが増えないというデメリットもあります。ある程度レビューが増え、チェックインや予約の対応などの手間を省きたい人には長期滞在者を狙うことも、安定した売上をつくるテクニックの一つです。

お金の受け取り方で差をつける

ここではＡｉｒｂｎｂからの宿泊料の受け取り方についてお伝えします。

最終的にホストが受け取る金額は、Ａｉｒｂｎｂの設定方法によって、わずかですが違ってくるので、自分に合った納得のいく設定方法を選びましょう。

Ａｉｒｂｎｂからの受け取り方法には、次の3種類が一般的です。

①銀行振り込み

②ｐａｙｐａｌ（ペイパル）

③ｐａｙｏｎｅｅｒ（ペイオニア）

ほかにも国際電子送金やアメリカのウエスタンユニオンといった送金サービスもあります。

海外に行くことがあまりない方は、①の銀行振り込みが断然おすすめです。手続き

宿泊料の受け取り方法は3つ！

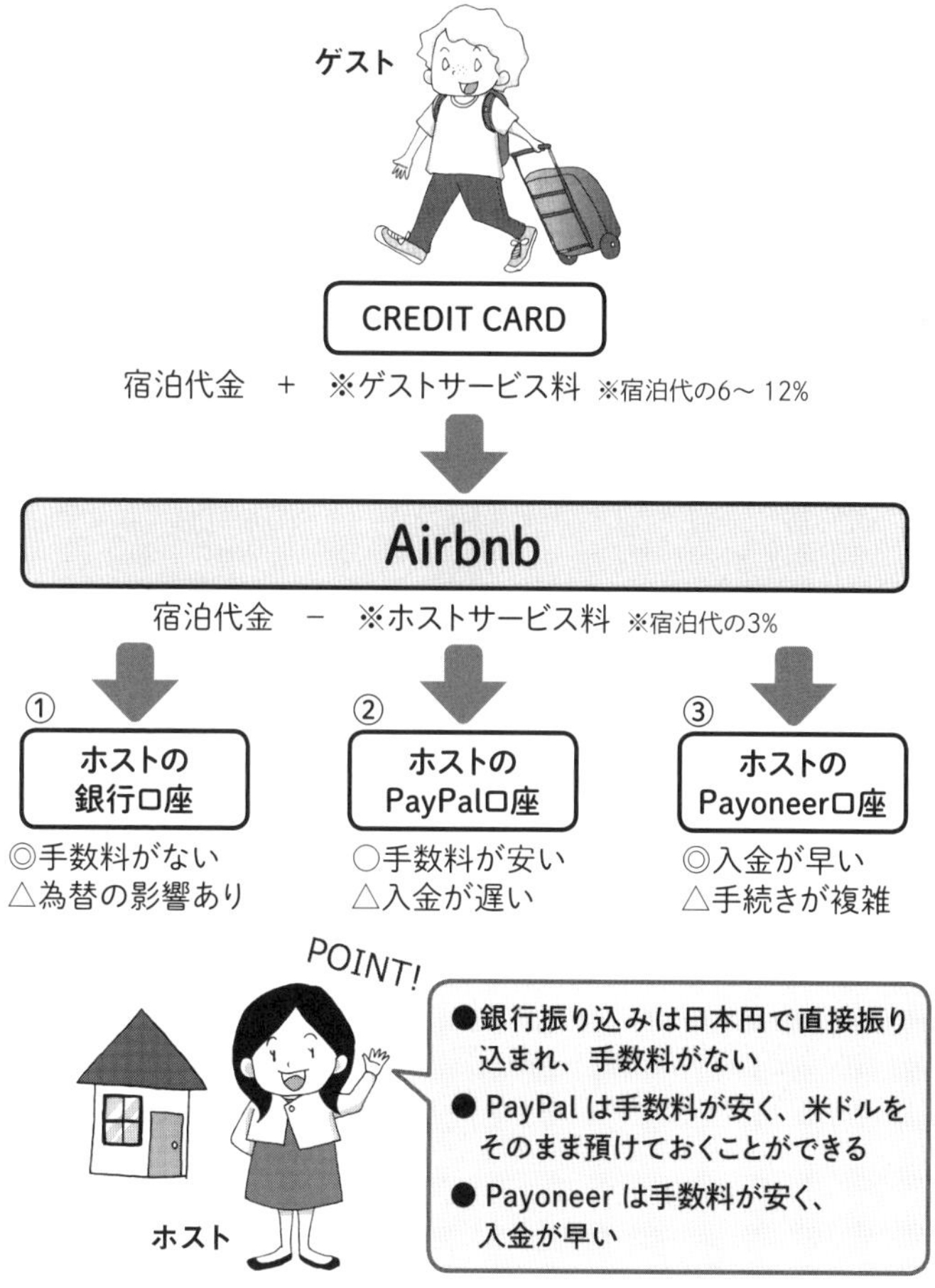
ゲスト
CREDIT CARD
宿泊代金 ＋ ※ゲストサービス料 ※宿泊代の6～12％
Airbnb
宿泊代金 − ※ホストサービス料 ※宿泊代の3％
① ホストの銀行口座
◎手数料がない
△為替の影響あり
② ホストのPayPal口座
○手数料が安い
△入金が遅い
③ ホストのPayoneer口座
◎入金が早い
△手続きが複雑
POINT!
ホスト
●銀行振り込みは日本円で直接振り込まれ、手数料がない
● PayPal は手数料が安く、米ドルをそのまま預けておくことができる
● Payoneer は手数料が安く、入金が早い

がとても簡単です。銀行振り込みの場合は通常、Ａｉｒｂｎｂを通してゲストが宿泊すると、チェックインした翌日に、自動的に宿泊料が指定口座に振り込まれます。

この方法は自分の口座に直接振り込まれるのでとても便利で、手数料が不要というメリットがあります。また宿泊料を円以外で設定している場合はＡｉｒｂｎｂが定めた為替レートで換算されることになります。

②のペイパルとは、電子決済のできるオンライン送金システムのことです。Ａｉｒｂｎｂからの受取金はペイパル口座にチェックインの日付からほぼ24時間後に振り込まれます。そのまま預けておいて、預けておいたお金を自分がゲストの時の宿泊料に当てることもできます。

③のペイオニアとは、米国法人口座のレンタルサービスのことです。ペイオニアで口座を開設すると、デビットカード機能がついたマスターカードを発行でき、このカードで郵便局とセブンイレブンのＡＴＭから引き出しができます。受取金がＡｉｒｂｎｂから送金されるのはチェックイン日のおよそ24時間後で、ペイオニアの口座に入

金されるのは通常その1～3時間後となります。

ペイパルとペイオニアは、アカウントを新規に作成する必要があります。その手間を惜しまないのであれば、この受け取り方法にしてみるのもいいでしょう。

またゲストから受け取った宿泊料を、手数料をなるべくかけずに受け取る方法もあります。ゲストがチェックインするたびに宿泊料を受け取るのではなく、ある程度まとめて受け取ることで、振り込み手数料を抑えることができます。

支払金の設定の「オプション」から、まとめて受け取るときの最低支払額を入力します。受取金の最低支払額は8000USドルまでの範囲内で設定できます。

専属カメラマンの写真掲載で予約率アップ

世界中のリスティングを見ると、「ここに泊まりたい」と思えるような、ゲストの目にとまる写真がたくさんあります。個性豊かで、ゲストの心をつかむ写真ばかりです。同じようなリスティングであっても、写真のよし悪しで予約が入るかどうかは、大きく差がつきます。リスティングの写真はとても重要な役割を果たしているのです。

今のスマートフォンは高性能で、編集機能も十分に備わっているので、撮影に自信があれば自分で撮るのもいいでしょう。しかし多くのリスティングの中から自分の部屋を選んでもらうためには、Ａｉｒｂｎｂ専属のプロのカメラマンに依頼することをおすすめします。

撮影料は無料で、しかも専属カメラマンが撮った写真が掲載されると、一定期間、Ａｉｒｂｎｂサイトで部屋を検索したときに、自分の部屋案内が上位に表示されるので、予約が入りやすくなります。ですから使わない手はありません。

ただし専属カメラマンは多忙なので、プロの写真を掲載したいと思ったら、早めにオファーするようにしましょう。また１件のリスティングにつき１回しか依頼できないので、撮影前に部屋のセッティングや掃除を必ずすませておくことが必要です。自分の部屋はどんな特徴があるのかを把握し、最高の写真が撮れるようにしっかり準備をしておきましょう。


私もＡｉｒｂｎｂを通じてプロのカメラマンに撮影を依頼しました。撮影終了後から数週間後に送られてきた写真は、魅力的に撮れていました。プロの写真を載せた後は、問い合わせや予約がたくさん入るようになりました。

ただスケジュールの都合で夕方に撮影したのが悔やまれます。通常、住宅の写真は午前中の自然光で撮るのが好まれます。できるだけ午前中に、明るい写真を撮るように心がけましょう。

リスティングは登録する写真の１枚目が最も重要です。ゲストが宿泊先を検索するときは、１枚目の写真しか表示されません。ここでクリックされなければ、ほかにどんなに素敵な写真を載せておいても、見てもらえないのです。

最も魅力的な写真を1枚目にして、2~5枚目までで勝負する。これはゲストが宿泊先を検索するときは、5枚目くらいまでがパソコンで見た時のトップ画面に表示され、よく見られるからです。


写真の順番は、たとえばトップはゲストルームのベッドの写真にしていても、2枚目からは、できればゲストが部屋に入ったときの順に、玄関、ゲストルームの入り口、ゲストルーム全体、ベッドのアップ、トイレ、洗面所、浴室など、実際の動線に合わせた順に並べておくのも1つの手です。

ほかに、設備やアメニティーを示す写真も必要です。どんなアメニティーがあるのか、トイレや浴室の広さや設備はどうなっているのか、ゲストは気になるものです。冷蔵庫や電子レンジ、掃除機やドライヤーなど、それ自体はとくに絵にならないようなものでも、「こんな設備がある」ことを示すために、写真を撮っておきましょう。

また家の近所の様子、最寄り駅、近所のおすすめの定食屋さんやドラッグストア、スーパー、コンビニなどの写真と解説文も入れておくと、ゲストに喜ばれます。同様に後ほど解説する「ガイド機能」で、それらの店がどこにあるのか、その位置を入力しておくと、これを見ただけでゲストは店にたどりつけるので便利です。

写真の撮り方のテクニックとしては、狭い部屋の場合は、広角レンズで撮影すると広く見えます。最近ではスマートフォンに取りつけて使える広角レンズも安い金額で売っていますので、試してみてください。

ゲストと交流を楽しんでいるホストの方は、そのような場面を写真に撮ってアップしておくと、予約を検討している人に「このホストの家は楽しそうだ」ということをアピールできます。

また予約が入らないときは、写真を再撮影したり、トップ画像を入れ替えて、問い合わせやクリックされる数の多い写真を見極めるといいかもしれません。自分でプロのカメラマンをインターネットで検索して発注して写真を撮り直すホストもいます。

ここ一番の魅力と趣味を文章で

写真と同様にリスティングページに載せるお部屋のタイトルや文章も徹底的に人気物件を研究して、最初はシンプルでも徐々に反響を見ながら、より集客できる文言に練り上げていきましょう。

リスティングページのタイトルは外国人旅行者に目印となる地名や数字で魅力を端的に伝えます。たとえば、「新宿・渋谷まで20分以内」「羽田まで10分、2駅」「○○大学まで徒歩5分」など利便性の良さや人気の街、駅名、観光スポットに近いことをアピールするのもいい方法です。

Ａｉｒｂｎｂのサイトには、登録しているプロフィールや、よくクリックする部屋の特徴から、ゲストに合いそうなホストや宿泊先を上位に表示する機能があります。

わが家の場合、自分と似たような職種の作家やジャーナリストから予約が入ったのも、この機能のおかげです。私が仕事のことや趣味に、本を書くことや読むことと書いていたことが幸いしたのだと思います。

ゲストは部屋を決めるときに、ホストのプロフィールをよく読みます。気が合うかどうか、趣味が合うか、いい人かどうかをよく見ています。ですからプロフィールはできるだけ詳しく書きましょう。Ａｉｒｂｎｂのスタッフと話したときに、「日本人がＡｉｒｂｎｂのサイトに載せるプロフィールはほんの数行で単調である。もっと詳しく自分のことを書くべきだ」と言っていました。

ホームステイ型なら、あなただけでなく家族構成もゲストにとっては気になる点なので、詳細に書くといいでしょう。

過去に旅した国のことを書いておくと、その国の人が親近感を持ってくれるかもしれません。自分から見た家のおすすめポイントや、どんな人に泊まってほしいか、泊まった人とどう接したいか、家を貸すときのスタンスも書いておくといいでしょう。

プロフィールでは顔写真も重要です。少しでも印象がいいものを選びましょう。また和室の部屋をリスティングページに掲載するなら、プロフィール写真も関連づけ、着物や浴衣を着た写真を載せると、日本文化に興味があるゲストが次々と来ます。

目指すは5つ星レビューと心躍る感想

ゲストが宿泊先を選ぶのに、参考にするのが、ほかのゲストが泊まった感想、レビューです。ホストもゲストに対してレビューを書きます。文字数は500字以内です。ゲストからの高評価のレビューが増えていくと、予約が入りやすくなります。

たとえば問題のあるホストや物件には、「書いてあることと違った」「このホストにキャンセルされた」などとよくないことが書かれていることもあります。それを見て、ゲストは安心で快適に宿泊できるかどうかを吟味します。

同様にホストからゲストに対しても、「1人で予約していたのに2人で来た」「ハウスルールを守らない」などと書くことができ、ほかのホストへ注意を促します。

Airbnbに登録したばかりで、ゲストからのレビューがつかないうちは、相場の2～3割、もしくはさらに安い宿泊料で募集をかけ、まずはレビューを増やすことを考えます。宿泊料は最低10USドルまで下げられます。取材したなかには最初の頃、予約がなかなか入らず、10USドルから募集したという人もいました。

レビューは多ければ多いほど人気の高さをアピールできますが、内容も重要です。まずは10を超えるまでは、いいレビューを書いてもらえるように努力をしましょう。

それでもゲストはなかなか気に入ってくれなかったり、人によってはほかのゲストに物件のウイークポイントを伝えようと、星の数を下げて評価したりすることもあります。たとえば私の場合、始めた当初、2500円ほどの安い宿泊料にもかかわらず、コストパフォーマンスの評価で星3つをもらい、「これ以上、安くしろというのか」とショックを受けたことがあります。

レビューは、ゲストのチェックアウトの24時間後に、「○○さんのレビューを書きましょう」というAirbnbからのメッセージメールがゲストとホストそれぞれに届くことで、それぞれ書き込みが行われます。ゲストとホストの両方がレビューを書いた時点で、サイトに掲載されます。どちらかが悪いレビューを書いたら、相手も悪いレビューを書くといったことがないように、両方のレビューが書かれるまで、相手の評価はわからないようになっています。

レビューはチェックアウトから2週間以内しか書くことができません。2週間たってもゲストとホストのうち片方しかレビューが書かれていない場合は、片方のレビューが自動的にサイト上にアップされます。

チェックアウトから1週間たっても、相手がまだレビューを書いていないようでしたら、「ぜひレビューを書いて」とメッセージを送りましょう。「私たちはいいホストになるためにレビューを増やそうと努力している。協力してほしい」と伝えると、だいたいは書いてくれます。

前述しましたが改めて、ホストはゲストから次の6項目で評価を受けます。

①清潔さ……………部屋は清潔で片づいていると感じたかどうか
②正確さ……………リスティングページの記述はどの程度正確であったか
③コストパフォーマンス…料金に釣り合う価値があると感じたかどうか
④コミュニケーション……滞在前・滞在中の連絡がどの程度うまくいったか
⑤到着………………チェックイン・入室はどの程度スムーズだったか

⑥ロケーション…………駅からわかりやすい道順か、利便性がいいか

これらの6項目について、それぞれ星1から星5までの5段階で評価されます。実際にリスティングページに表示されるのは星の総合評価です。これはレビューの数が3つ以上になってから、リスティングページのトップに表示されます。

ロケーションなど、努力ではどうにもできない点はしょうがないものの、清潔さなど努力できるところは、改善あるのみ。チェックインのときにはゲストが困惑しないように十分に説明をするなど、気を配りたいものです。ゲストが泊まってからがっかりしないように、部屋の欠点は最初に伝えておくことも大切でしょう。

ゲストを評価するには文章で感想を書くほかに、次の3項目を5つの星で示します。

①清潔さ…………ゲストは清潔に部屋を使ってくれたか？

②コミュニケーション…旅の予定、質問、心配な点について、ゲストはどの程度明確に伝えたか？

③ハウスルールの順守…ゲストはハウスルールを順守したか？

言いにくいこと、オープンにはされなくても伝えたほうがいいことがあれば、互いに非公開で伝えることもできます。

設備・備品やアメニティーで客単価を上げる

売上を伸ばすには、客単価を上げるか、客数を増やすかの2つの方法があります。客数を増やすには、部屋数を増やすか、1部屋に宿泊できる人数を増やす方法があります。

たとえば8畳の部屋をゲストルームとして使用するときに、1名3000円として、最大2名なら1泊で6000円ですが、4名なら1万2000円と、1日の売上が倍になります。広い部屋がある人、何室も空き部屋がある人の場合、そうして受け入れる人数やゲストルームの数を増やして売上を伸ばすことができます。

広さや部屋数が限られる場合は、客単価を上げることを目指しましょう。

ゲストに喜ばれるような人気の設備やアメニティーをそろえておく方法もあります。Airbnbの規約では、ホストが最低限用意するものとして、清潔なシーツ類、タオル、石鹸、トイレットペーパーがあげられています。リスティングページのアメニティー・設備の欄に、そろっているものをチェックする項目があります。

ゲストのなかにはここから希望のアメニティーがある部屋を検索して、物件を絞る人もいます。

旅行客が最も重要視しているのは、インターネット環境です。インターネットに接続して観光名所を調べたり、スカイプで自国の家族と会話をしたり、ユーチューブで映像を見たりと、よく利用しているようです。わが家ではハウスWi-Fiを設置し、IDとパスワードを入力すれば、家の中でゲストも自由にインターネットができるようにしています。

問題は、ゲストが野外でインターネット接続をしたい場合です。ゲストから、「モバイルWi-Fiはあるか?」と聞かれることがよくあります。

あるいはSIMカードを用意して、スマートフォンにセットすることで、インターネットに接続することもできます。

ホストに取材をしていると、「モバイルWi-Fiは必要だ」と言う人もいれば「紛失されるリスクがあるので、成田か羽田空港でのレンタルをすすめる」と言う人もいて、対応はさまざまでした。空港でモバイルＷｉ－Ｆｉを借りれば、宿泊する家に来るまでにわからないことがあっても、スマートフォンのＡｉｒｂｎｂのアプリでホストと連絡を取り合うこともできます。

これまでわが家に宿泊したゲストは、ＳＩＭカードを用意したり、長期滞在する人は日本でモバイルＷｉ－Ｆｉの契約をしたりと、ネット環境は本人が整えていました。

その他の備品・調度品については、洗濯機、冷蔵庫、電子レンジ、ドライヤーなどは、あるに越したことはありません。あるホストは、女性向けに肌のお手入れができるスチーマーを部屋に置いていました。マッサージチェアやコーヒーメーカーなども、家にあるものを使ってもらえば喜ばれるかもしれません。

シャンプーやボディソープなどのアメニティーは、自分で持ってきたものを使う人もいれば、こちらが用意しているものを利用する人もいます。

うちでは１００円ショップで買った１本ずつビニールに入った歯ブラシや、ホテルに宿泊したときに持ち帰ったビニールに入った櫛を洗面所に置いておいたら、ゲストが喜んで使っていました。

ゲストを家に泊めるようになると、シャンプーやボディソープの減りが早いのに驚きます。詰め替えを買っておいて、なくなったら入れ替えるようにしていたのですが、ドラッグストアのセール品など、シャンプーとリンスのボトルのセットを買ったほうが詰め替え用を買うよりも安いことがあります。

またゲストがよく使いそうなものは、棚にしまわず見えるところに置いておきましょう。たとえばゲストがよく使うドライヤーは壁にかけておくなどすぐに使えるようにしておくと質問される手間を省けます。

知人の呼びかけで、民泊のホスト10～20名で都内の人気ホテルのスイートルームに滞在して、ホテルのおもてなしを見て学ぶ情報交換会に参加したことがあります。

驚いたのは、スイートルームのアメニティー類です。シャンプーやリンスだけでも何種類あるのかと思うほど、数が豊富でした。それを見て、実際にわが家でも、女性向けのアメニティーを充実させました。

ヘアゴムやヘアピン、韓国人ゲストからもらったボディクリームやヘアアイロンを共用で使えるように、「シェア」と書いた棚に入れています。また手づくりのドクダミ化粧水をボトルに入れて、洗面所に置いて自由に使えるようにしました。若い女性ゲストが来たときに、「これ、私のハンドメイドのスキンケアローション。顔や体に使って」というと喜ばれます。

雨が降りそうな日は、玄関にビニール傘を置いて「自由に使って」と付箋を貼ったり、玄関の壁にかけているホワイトボードにメッセージを残したりします。

玄関など、ゲストが必ず通る場所に、ホワイトボードを置くのはおすすめです。わざわざ部屋のドアをノックしたり、メールで知らせるようなことではない些細なことも、ホワイトボードに書いておけば、簡単に伝えることができます。わが家では、ゲストとの交流に頻繁に活用しています。

取材したあるホストの女性は、冬の時季に、部屋に「はんてん」を用意しておいた所、寒い日にゲストが喜んで着てくれたそうです。また近所の定食屋や喫茶店などの割引券や回数券をプレゼントするのもいいでしょう。

日本は四季が楽しめる反面、暑い日と寒い日の温度差も激しいものです。季節や地域の特性に応じて、ゲストを思いやる「何か」を用意するといいかもしれません。設備やアメニティーにも、ぜひこだわってみてください。

あると喜ばれるアメニティー・設備

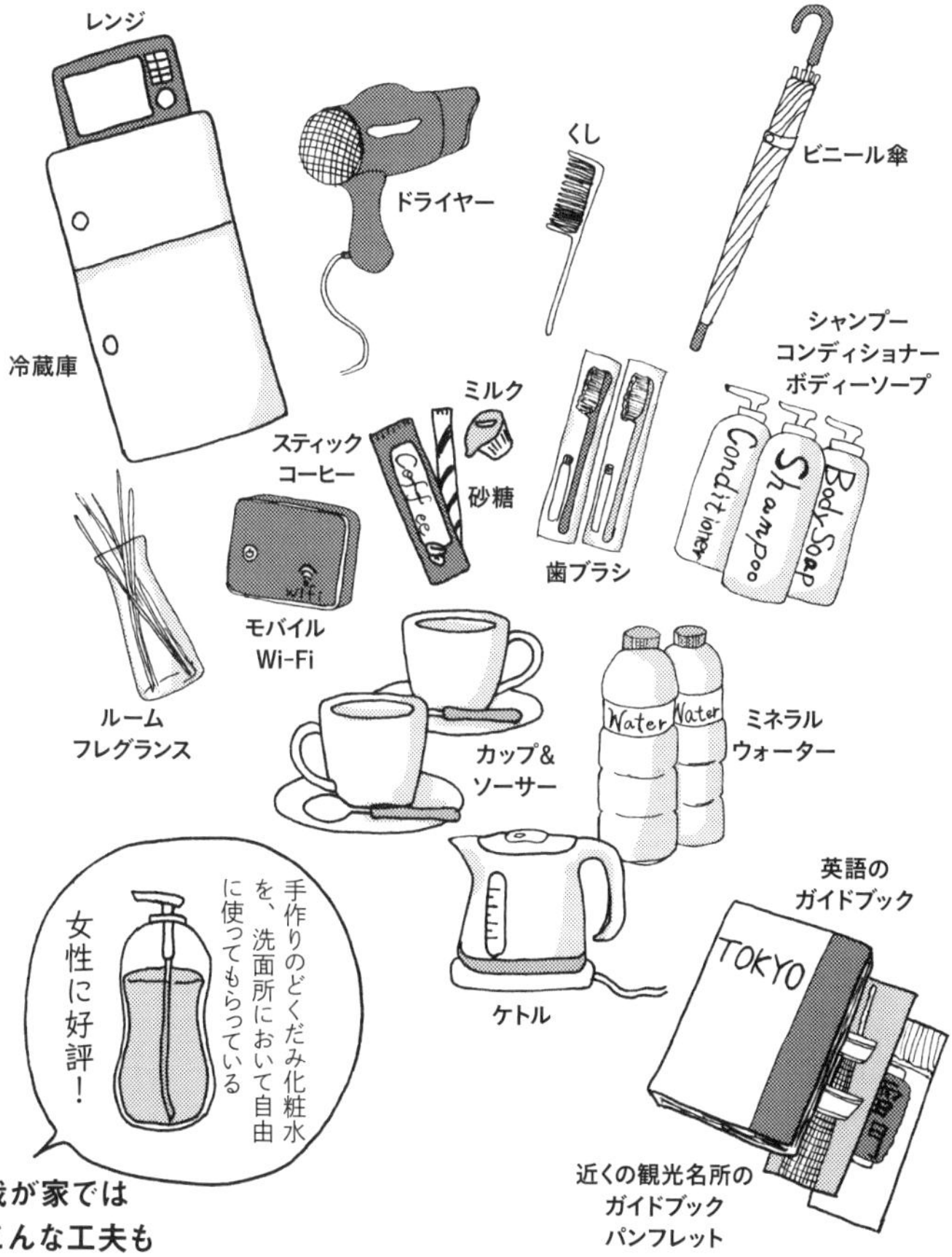

近場のおすすめ飲食店をガイド機能で紹介

2016年4月からAirbnbで新たな機能が使えるようになりました。おすすめの飲食店や観光名所などを地図上に表示する「ガイド機能」です。

この新機能は、サイト内に世界25都市のおすすめスポットを350万件収録したもので、ガイドブック的な役割を果たしています。旅行先の見どころやレストランを探すときにもAirbnbが活用できるのです。

これによってAirbnbは、観光名所の口コミサイトである「トリップアドバイザー」や「グーグルマップ」のような機能も果たすことになると注目されています。

私も実際に使ってみました。近所でおすすめの寿司屋、そば屋、ラーメン屋、外国人に人気のユニクロ、スーパー、ドラッグストアなどの紹介文をこのガイド機能に書

ガイド機能で
おススメスポットを紹介しよう

新宿歌舞伎町
ドン・キホーテ

この付近はソフィア・コッポラの映画にでているなど独自の解説を加えるとGOOD！

POINT!

❶近所のお寺、神社、観光名所など
❷スーパー、コンビニ、コインランドリー、薬局など
❸地元の人に人気の定食屋、ラーメン屋など
❹外国人向けのガイドブックにないオリジナルの情報は喜ばれる!!

いてみました。

これを見れば、ゲストは家の近所で食事をしたり、買い物をするときにどこに行けばいいのかがわかり、便利です。

あるホストは、なかなか部屋の予約が埋まらなくて悩んでいたときに、このガイド機能を使って、近隣のおすすめスポットの見どころなどをいくつか書き込んだそうです。すると翌朝、「ガイドに書かれていたスポットに、ぜんぶ行ってみたい！」という連絡があり、予約が入ったそうです。

今後は、ガイド機能を見て、そのガイドを書いているホストの家に泊まってみようと考える人も増えるでしょう。


民泊の魅力はホテルとは違って、「日本人の暮らしを体験できる」ことです。私たち日本人がアメリカに行って、アメリカ人が食べるものが食べたい、地元の人が行くような店に行きたいと思うのと同じです。旅行者には、地元の人の間で流行っている店を紹介すると喜ばれます。その土地ならではの魅力が伝わる場所をどんどん紹介しましょう。

私は自分のリスティングにも、家からアクセスのいい、自分ならではのおすすめスポットの解説文を入れています。近所のおすすめの飲食店を書いていたら、実際にゲストが行ってみたようで「市販のガイドブックに書いてあるお店より、このホストがおすすめのお店は本当に美味しかった！」などとレビューをもらったときは、舞い上がりました。ほかにもクリエーターが夜な夜な集うゴールデン街を紹介したら、実際にゴールデン街に行ったことがあるフリーのテレビディレクターがニューヨークから泊まりにきました。

ほかにも歌舞伎町のドン・キホーテでは、ほかと比べておもしろい土産ものや、ありとあらゆる生活用品が手に入ることを書きました。またそこからは、新宿東宝ビルの壁にへばりついた等身大のゴジラの頭がよく見えるので、写真を撮るといいことや、歌舞伎町はソフィア・コッポラ監督の映画「ロスト・イン・トランスレーション」にも登場することなどを書きました。

ありきたりの説明文ではなく、写真などの「撮影スポット」を加えたり、飲食店なら「その店で注文するといいもの」などを書くのがおすすめです。

思い出に残るウェルカムドリンクとお菓子

民泊は、自分の部屋や家を貸すだけで手軽に始められるものの、やはり人気が出なければ、なかなか予約が入りません。どんな人に泊まってほしいか、ターゲットを決めて、その層に喜ばれる部屋、サービスを目指していくことが必要です。

そこでぜひ参考にしたいのが、ホテルや旅館のサービスです。

たとえば私の場合、新婚旅行でニューカレドニアに行ったとき、ホテルの部屋のベッドの上にハイビスカスの花びらがちりばめられ、ワインのボトルがサービスで置かれていたのを見て、とても感激したのを覚えています。

日本の旅館では、旅館に着くと部屋に仲居さんが来て、その旅館特製のお茶菓子がお茶と一緒に出されます。

民泊でも、それをまねしてみるのです。

ゲストへのおみやげと
ゲストからのおみやげ

自宅にいながら海外旅行気分

もちろんワイン1本のプレゼントなどでなくていいのです。費用はほんの数百円。ウェルカムドリンクとして、ペットボトルの緑茶や清涼飲料水をサービスするのです。

ホームステイ型民泊の場合は、相手の様子を見て、

「よかったら、コーヒーでも飲まない？」

と声をかけて、リビングやキッチンで話をするのもいいでしょう。でも注意したいのは、交流を求めていない方もいること。過剰なおもてなしは無用です。

私のおすすめは、100円ショップでゲストに合わせたお土産を用意することです。100円ショップでは、いろいろなものがそろいます。日本らしい箸や扇子などを買ってプレゼントしても喜ばれます。事前の予約のやりとりでメッセージを交換する中で、ゲストの旅の目的がわかりますので、相手が喜びそうなものをサプライズプレゼントしてみましょう。費用は100〜300円で十分です。

私はこけしや招き猫、どら焼きや団子などの日本らしいモチーフの消しゴムのセットを100円ショップで買ってプレゼントするなど、そのゲストによって、プレゼントを変えています。地方出張に出かけたときに、ゲストが喜びそうなその土地の名産

を買っておいてプレゼントすることもあります。

元客室乗務員で、世界各地のホテルにこれまで１７００泊したというL&B co. 代表の女性は、民泊のホストをしながら、ほかの民泊の部屋づくりも手伝っています。彼女がこれまで宿泊してきた中で印象的だったのは、アジアのあるホテルで、ベッドの上にチョコレートが数個、さりげなくポンと置かれていたことだったそうです。

その影響もあって、チョコレート好きなイタリアの女性ゲストが来るときに、サプライズを考え、ゲストルームのベッドの上にかわいいトレイを置き、その中にチョコレートを入れてプレゼントしたそうです。

手づくりのちょっとしたものを置いたり、折り紙で折ったものをプレゼントしたり、ゲストが喜びそうなサプライズを仕掛けてみるのも楽しいものです。

逆にゲストからプレゼントをもらうこともあります。私は韓国の女性から韓国のりとストロベリーの香りのボディクリーム、台湾の女性からパイナップルケーキ、スイス人男性からチョコレート、イギリス人女性から石けんや紅茶などをもらいました。

どれも印象的でその気持ちがうれしく、私もちょっとしたプレゼントになりそうなものをいつも探しています。

基準を満たせばスーパーホストに認定される

Airbnbでホスト登録をして、一定の基準を満たすと、誰でも一定期間「スーパーホスト」になれます。スーパーホストに認定されると、リスティングページとプロフィールにスーパーホストのバッジのアイコンが表示されます。

スーパーホストになるには、過去1年間に次の基準をクリアする条件があります。

①宿泊受け入れ実績が最低10件。
②返答率は90％以上をキープ。
③受けたレビューの80％以上が5つ星評価で、泊まったゲストの半数以上がレビューを残している。
④確定した予約はキャンセルせず、すべて宿泊完了まで履行した。

スーパーホストになるための申請は不要です。審査日に認定プログラムの合格基準をクリアすると、自動的にスーパーホストになれます。審査は３カ月に１回。連続して認定されることもあれば、過去３カ月の状況によっては外されることもあります。

私が取材をした中では、「スーパーホストになったほうが、予約が入りやすい」「ゲストから信頼感を得やすい」との意見もあれば、「やむを得ない事情で、こちらからキャンセルしたのでスーパーホストには１年間なれないが、とくに予約状況には影響がなかった」と言う人もいます。

やむを得ずこちらからキャンセルする場合でも、「酌量すべき事情がある」と判断されれば、キャンセルにカウントされないこともあるので、Ａｉｒｂｎｂに直接相談してみましょう。

またスーパーホストの認定が受けられたことを機に宿泊費を引き上げたら、かえって予約が入りづらくなった人もいます。ある程度はこちらの都合も優先したいからスーパーホストを目指さなくていいと考える人もいます。

でも、できることなら、１つの目標としてスーパーホストを目指したいものです。わが家も晴れて、スーパーホストの認定を受けることができました。

Airbnb以外の民泊サイトも活用

本書ではこれまで、主にAirbnbを使った民泊の進め方を紹介してきました。それはAirbnbは世界最大級の民泊サイトで、日本語サイトがあり、日本語の電話相談窓口もあって、初心者でも使いやすいからです。

しかしAirbnbに登録している民泊物件は、国内で3万軒を超えます。そのようにライバルの多い中で自分の部屋を選んでもらうのは、エリアや部屋の条件などによっては、テクニックを要するかもしれません。

思い切って、まだあまり日本人が利用していないサイトで募集をしてみてもいいでしょう。ここではAirbnb以外の民泊サイトを紹介します。

【FLIPKEY（フリップキー）】 本社：アメリカ・ボストン

旅行サイトでお馴染みの「TripAdvisor（トリップアドバイザー）」が

運営。Airbnbと異なる点は、プールやアウトドアのアメニティーやジャグジー、衛星TV、駐車場などの設備や、ベッド数などの検索条件を指定して調べられる点。

トリップアドバイザーをよく使っている人にとっては、サイト画面が似ているので使いやすいかもしれません。しかし日本語サイトはなく、英語表記のみです。ホスト手数料は3%か年299USドル/1物件。ゲスト手数料は5~10%。

【Roomorama（ルーモラマ）】 本社：シンガポール

検索条件の指定が細かくでき、複数の物件を持つホストに便利なサービスがあります。1つはマルチ料金編集機能。クリック1つで異なる季節の客室料金を複数物件で適用できます。もう1つは代替物件の提案できる点。ゲストから予約問い合わせがあったときに部屋が満室だった場合、同サイトに掲載済みの物件の中から、別の空いている部屋を提案できます。ホスト手数料は8~12%、ゲスト手数料はなし。

【HomeAway（ホームアウェイ）】 本社：シンガポール

Wi-Fiやキッチン、エアコンの有無など施設の特徴で絞り込みができます。ホストの手数料は一律3％です。ゲストの手数料は12％。こちらはホームステイ型には適さず、別荘などホスト不在型の登録が前提。

【自在客（ジザイケ）】本社：中国・上海
中国版Ａｉｒｂｎｂと言われる中国・台湾・日本向けのサービスです。日本で登録件数1万軒を超えます。ゲストから手数料は取らず、ホストから手数料10％を取る仕組み。中国語での表記が多いため、中国語に慣れている方におすすめです。

ほかにもアジア圏を対象にしている民泊サイトには「途家（トゥージア）」「住百家（ジュバイジア）」などがあります。

【スペースマーケット】本社：日本
日本発の民泊サイトです。貸し会議室や合宿、結婚式などにも1時間単位からスペースを貸し借りできます。手数料は時間レンタルの場合30％、宿泊なら10％です。古民家やキッチンスペースなどさまざまなスペースが登録されています。

私もＡｉｒｂｎｂ以外のサイトを試してみたのですが、日本語で説明のあるＡｉｒｂｎｂに比べて英語だけのサイトの登録は難しく感じたのと、認証のために電話番号を入れたら、Ａｉｒｂｎｂ以外のサイトではすぐに暗証番号が送られてこなかったりしました。また最初に問い合わせをくれたゲストがシステムをよく理解していなくて、何度もメッセージで説明をするなど骨が折れることが続き、かえってＡｉｒｂｎｂのよさを実感しました。

取材をした中で、Ａｉｒｂｎｂ以外の民泊サイトを好んで使うホストもいました。たとえば、あるホストの話では、家主不在の一戸建ての場合、別荘などの貸し出しに便利なＨｏｍｅＡｗａｙでコンスタントに長期滞在者を集客できるとのことでした。このホストの実感では、「Ａｉｒｂｎｂの利用客の平均的な宿泊日数は3日前後なのに対して、ＨｏｍｅＡｗａｙは1週間以上とやや長い傾向がある」とのことです。

今後は、さらに多くの仲介サイトが登場することが予測されます。みなさんもいろいろと使ってみて、使いやすいもの、予約が入りやすいものを見つけてください。

第5章

心配のタネを取り除いておく

ホームステイ型民泊は違法ではないのか？

本書をここまで読み進んできて、「民泊って、なんだか簡単そう」「自分にもできそう」と感じている方は多いのではないでしょうか。同時に「でも、やっぱり不安」「他人を、それも外国人を家の中に入れるなんて、怖い」と感じている方もいることでしょう。

そこで本章では、ホームステイ型の民泊で起こり得るリスクと対策について解説します。安心安全に運営し続けていくための大切なポイントを押さえていきましょう。

まずみなさんが恐れていることの中で一番の問題は、「法的リスク」ではないでしょうか。たとえば京都で違法民泊が摘発され、逮捕者が出たケースがありました。

わが家の場合も、私が「ホームステイ型の民泊を始めた」と夫の両親に話したとき、真っ先に聞かれたのは「許可は取ったのか？」でした。

ここで改めて解説すると、民泊を規制する法律には大きく分けて2種類あります。

1つは「旅館業法」です。

これはホテルや旅館を営業するための規律を定めることを目的に、昭和23年に制定された法律です。年間4000万〜6000万人にも及ぶ外国人旅行者を、一般家庭も含めて受け入れることになるとは、考えもしなかった時代につくられたものです。

ですからこの法律は、民泊を行うための規約ではありません。ホテルや旅館がこの法律を守って営業をしているなかで、一般の家庭で旅行客を泊める民泊に関しては、どうしていったらいいのかが、今、取りざたされているのです。

そこで議論の的になっているのが、「年間180日までの日数制限」と「家主を置くこと」の条件を設けて民泊を許可するかどうかです。

180日は年の半分であり、上半期予約で埋まったら下半期はゲストを招くことができなくなります。そこでさらに180日の制限は必要なのかどうか、どうチェックをしていくのか、議論が続いています。

現在、日本での民泊は、およそ8対2の割合でホスト不在型がホームステイ型の4

倍近くの割合を占めています。民泊に関するトラブルで多いのがホスト不在型の民泊によるものです。賃貸マンションで、大家に無断で外国人旅行客を宿泊させたり、マンションの規約に反して「転貸」したりすることで家の管理が行き届かず、ゲストのゴミ出しや騒音の問題が近隣住民を悩ませているのです。

それに対して家主がいるホームステイ型の場合は、ゴミの管理や騒音についてはすぐにゲストを注意できるので大きな問題にはなりません。こうした背景から、2016年4月には、年間180日までの宿泊制限を設けることと家主を置くことで、民泊はほぼ全面的に解禁の方向で新法が作られることになりました。

ただしもう1つ、民泊を取り締まる方法が残っていることも忘れてはなりません。それは自治体ごとの「条例」で規制ができることです。

たとえば京都や軽井沢など、一大観光地として昔から旅館やホテルが規約を守ってきたエリアでは、自治体が条例で民泊を規制しています。それに反して運営すると、逮捕されるケースもあります。

そのため民泊を運営するためには、どのエリアでどれくらいの規模で行うかがポイントになります。本書で紹介しているホームステイ型民泊については、今後「届け出」が必要とされていますが、現状の法律では、どこにどのように届け出を行うのかが、明確にルール化されておらず、届け出しようにも制度が追いついていない状況です。今後、詳細が明らかになったら、それに従って届け出を提出するなどの対応が必要になります。

またこれまでは、住宅地での民泊が営業できるのかどうかが議論されてきましたが、政府は住宅地でも一定の条件を満たせば営業を認め、本格的に解禁するなど大枠の方針を固めました。２０１６年の秋にも国会に「民泊新法」が提出され、来年度にも民泊に関する新たな法律ができようとしています。

ここでは、２０１６年9月時点での大枠の流れを説明しました。日々活発な議論が進むなかで、さらなる変更があることも予測されます。これから民泊をやりたいと考えている方は、今後の法制備と家のあるエリアの自治体の動向を頻繁にチェックするようにしましょう。

ゲストが設備・備品を壊してしまったら？

民泊でも、ゲストを自分の家に泊める以上、誤って窓ガラスを割られてしまったり、トイレを詰まらせてしまったりするなど、故意でなくても設備が壊されることはあります。設備だけでなく、置いてある備品・調度品についても同様です。

ゲストに壊されたり、盗まれたりすることが不安なものや高価なものは、最初から外に出しておかず、金庫に入れたり部屋にカギをかけたりして、人の目に触れないところに置いておきましょう。

Ａｉｒｂｎｂでは、同サイトを通してゲストを宿泊させた場合、何かが壊されたり、盗まれたりしたときのための保険制度があり、保険料なしで1億円まで補償してくれる「ホスト保証」があります。この補償金額は、旅行業界でも類を見ない水準です。

もちろん、故意にものを壊したり、経年劣化で壊れたりしたものに対する補償はありません。現金、有価証券、人にケガを負わせたときの対人賠償や、シェア・共用エリアは対象外です。

保険金を請求するときには、証拠をなるべくたくさん集め、メッセージフォームと一緒に提出します。

保険金を請求するときに必要なものは、次のとおりです。

①当該損傷を写した写真
②３００ＵＳドルを超える損害については、警察への被害届け
③領収書、正確な市場価値がわかる他の証拠書類、金額がわかる記事など
④所有者証明書
⑤請求審査で役立つと考えられるその他の証拠書類

このほかに「ホスト補償保険」もあります。これはゲストが滞在中に家の中でケガをした場合などに、ホストに代わって補償してもらえる制度です。

例えば次のようなケースでは「ホスト補償保険」が適用されます。

・ゲストが絨毯で滑って転んで手首を骨折、ホストに医療費の損害賠償を請求した。
・ゲストがアパート内のジムのランニングマシンで走っている最中にマシンが壊れて転んでケガ。ホストとビル所有者に医療費の損害賠償を請求した。
・ゲストがビルのロビーでスーツケースをうっかり第三者の足に落とし、ケガをした第三者がホストとビル所有者に損害賠償を請求した。

次のようなケースでは、「ホスト補償保険」が適用されません。

・意図的な事故で、結果に賠償責任が生じないもの
・人格を傷つける誹謗中傷や名誉毀損の訴え
・地所の問題。例）カビ、トコジラミ、アスベスト、公害
・自動車事故。例）走行中の車の事故

そしてもう1つ、便利な制度があります。これはリスティングでゲストに対して「保証金」（Ａｉｒｂｎｂではこの場合、補償金ではなく保証金という）を設定できる制度で、コップを割ったり、じゅうたんを汚したりした場合に、「いくらまでゲストに

請求します」とあらかじめ設定できることです。ホストが保証金の請求を申請する場合は、ゲストのチェックアウト日から48時間以内に手続きを行う必要があります。ホストが保証金の請求を申請すると、Ａｉｒｂｎｂが仲介に入り、必要に応じてゲストから支払いを回収します。

料金設定で保証金を設定するには、「リスティングの管理」のページから、「その他の料金のオプション」で、「保証金」の項目にチェックを入れ、希望額を95～５１００ＵＳドルの間で入力します。

保証金を登録したり変更したりした場合は、その後に確定した予約にのみ適用されます。サイト外での支払いはＡｉｒｂｎｂの利用規約違反となり、サイト外で保証金を現金でやり取りすることも禁じられています。私はそこまでする必要はないと感じていますが、ものを壊されるのが心配な方は、登録しておくといいかもしれません。

ホストにとっては、このように充実した補償制度と保証金の２つの制度があるので、安心して民泊を続けることができます。

ゲストが犯罪を起こさないか気になったら？

女性だけの家にホームステイ型で単身の男性ゲストや男性だけのグループを宿泊させるのは、「万が一何かあったら」と、不安に感じることもあるでしょう。

私の家も夫がいるとはいえ、最初の単身男性のゲストにはドキドキしましたし、その後も単身男性や男性２人組のゲストを迎えるときは、女性を迎えるときとは違う緊張感があります。Ａｉｒｂｎｂに登録したての頃、どこに「女性限定」と表示すればいいのかわからず、チェックを入れるボタンがあるのかとも思い、問い合わせ窓口に電話で聞いてみると、そのような項目はないとのこと。

またＡｉｒｂｎｂでは、女性限定にするのは「差別表現」になるとして、推奨していないとも言われました。同様に肌の色でゲストを限定することもできません。

ほかの女性ホストのリスティングページを見ると、タイトルに「ウーマンオンリー」と明記している人や、部屋の紹介で「カップルか、ウーマンオンリー」と書いている人がいます。同じように、女性だけ、もしくはカップル限定にしたいときは、リスティングページに表記しておきましょう。

実際に私自身が女性ゲストだけでなく男性ゲストを受け入れていて思うのは、彼らはＩＤ認証を受けて登録しているのですし、悪いことをしようと思って民泊に泊まろうという人はそういないはずだということです。何か悪いことをすれば、互いにレビューに書かれるのですから、一定の緊張感を持ちながら、心地よく過ごしてもらえればと思います。

人によっては、メディアや周囲からの評判やイメージで「中国人はマナーが悪いから泊めたくない」などと考える人もいます。中国で個人旅行ができるのはビザの関係で、ある程度資産のある富裕層で、団体旅行をする層よりもマナーや教養があるから安心だと取材で聞きました。

実際にホストをやってみて、予約問い合わせをくれる2人に1人が中国人です。買い物や観光に2~3日宿泊するケースが多く、特にトラブルはありません。フレンドリーで積極的に話しかけてくれ、日本に慣れている人が多い印象です。中国人だからと拒否するのは機会損失だと思います。メッセージのやりとりをして問題なさそうなら受け入れてはどうでしょうか。

不安な人は、部屋にカギをかけて、互いにプライベートな空間を確保しておくことです。部屋にカギがついていない場合は、カギ屋さんに出張してもらうと、だいたい1~3万円ほどで取りつけることができます。またホームセンターにも、カギつきのドアノブが3000円から売られているので、自分で取り替えるのもいいでしょう。

また予約方法を「今すぐ予約」ではなく「予約問い合わせ」にしておけば、ゲストからの予約を「承認」することも「却下」することもできます。顔写真やプロフィール、ほかのホストからのレビューを見て、問題ないかどうかを確認してから受け入れるかどうかを決めることもできます。

ここでの却下はキャンセルではないので、却下したからといって、スーパーホストになれなくなるわけではありません。

より信頼度のあるＩＤ認証方法としては、パスポートで登録している人だけを選んで宿泊してもらうこともできます。

たとえば、自宅がテロリストに使われるのが怖い人は、出身国をチェックするのもいいでしょうし、「どこどこの国の人とは価値観が合わない」「文化が違いすぎるから１つ屋根の下で暮らせない」と思うならば、却下することもできます。

ホテルや旅館よりも安く宿泊できるので、民泊を選んでいる人もいます。安いならそこそこの部屋でもいいと考えています。しかしマナーのよいゲストに宿泊してもらいたいのであれば、宿泊費をある程度高く設定して、それなりのインテリアや設備で部屋を整えるのも有効です。多少料金が高くても付加価値を求めている旅行客をターゲットに、価値観の合う旅行客と交流を楽しむのもいいでしょう。

予約をキャンセルされたときどうするか？

ゲストから予約が入っていたものの、直前になってキャンセルされると、すぐには次の予約が決まらず、部屋が空いてしまうことがあります。

ホテルや旅館では、キャンセルが営業の妨げにならないように、「キャンセル規定」が設けられています。それと同じようにＡｉｒｂｎｂに登録した民泊でも、キャンセル規定を定めておくことができます。

Ａｉｒｂｎｂのキャンセルポリシーでは、「柔軟」「普通」「厳格」の３タイプで条件が決められていて、ホストはそのいずれかを選択できます。

・柔軟……到着１日前までに解約すれば１００％返金（ただし手数料は除く）
・普通……到着５日前までに解約すれば１００％返金（ただし手数料は除く）

・厳格……到着1週間前までに解約すれば50％返金（ただし手数料は除く）

おすすめは「厳格」です。なぜなら、「柔軟」や「普通」の条件にあるような1日後や5日後の予約を新たに取ることは、とても大変だからです。

私が取材した中では、200組のゲストのうち、キャンセルはたったの1組という人もいるほど、キャンセルは意外と少ないようです。

この3つのキャンセルポリシーのほかに、Ａｉｒｂｎｂでは長期滞在のキャンセルポリシーがあって、28泊以上の全予約に適用されます。条件は次のとおりです。

・長期滞在　初月分の頭金は返金不可、途中解約は30日前通知が必要

ほかにも取材をしたなかで、ゲストに「想像していた部屋と違うからキャンセルしたい」といわれたケースがありました。このような場合、24時間対応で相談に応じてくれるＡｉｒｂｎｂに仲裁やその後の対応を相談しましょう。

ゲストの病気や事故にはどう対応するか？

海外で病気にかかることほど、心細いことはありません。重い病気でなければ、ホストが病院に連れていくこともできますが、命にかかわる病気であれば、一刻を争います。緊急を要するときには、１１９番に連絡して、救急車を要請してください。

こうした事態に備えて、ホストの緊急連絡先を事前にゲストに伝えておくことはもちろん、ホストが不在時でもゲストが対応できるように、ハウスマニュアルに「１１９」や「１１０」などの緊急時の電話番号を書いておくことが大切です。

また風邪などの症状が見られたときや、ケガをしたときのために、市販の薬や救急箱などを常備しておくと安心です。さらにゲストが使う部屋はもちろん、トイレや浴室などは、常に清潔にし、病気を予防する環境づくりを徹底しましょう。

ゲストが海外旅行の傷害保険に加入しているのであれば、保険会社に連絡を入れ、指示を仰ぐように伝えましょう。病気や事故は、予期せぬときに起こるもの。ホストとしてしっかりと対応策を考え、ゲストには事前に周知させておきたいものです。

病気や事故以外にも予期せずに起こることもあります。地震などの自然災害です。災害が起こったら、どうやって身を守り、どのように避難するのかをゲストに伝えておくことが重要です。

私は熊本地震のときに宿泊していたゲストに、「地震があったから、気をつけて」と伝えたら、「東京から離れているから大丈夫」と言われたことがありましたが、災害時にはホストとして、ゲストの命を最優先で守れるように常日頃から防災対策を徹底するように心がけましょう。

また災害時には、ゲストの命を守ることのほかにも、私たち民泊のホストができることがあります。最近の例では、熊本地震のときにＡｉｒｂｎｂの仲介で、自宅に住めなくなった被災者の方々ために、熊本の近隣にいるホストのリスティングを無料開放した例があります。災害時に自宅を提供することで、多くの方々を救うことができるのも、Ａｉｒｂｎｂの魅力の１つと言えるでしょう。

近所から民泊の営業を反対されないために

民泊が近隣からあまりよい顔をされない理由には、外国人が集団で騒いでいたり、ゴミ捨てのマナーが守られていなかったりすることがあります。

またマンションの規定で民泊を認めていないケースもありますので、民泊はお住いのエリアやマンションのルールを守った上で始めることが大前提です。

その上で各ホストができることは、事前に「ハウスルール」をつくって、ゲストによく伝えておくことです。住人にとって暗黙のルールとなっていることや「住宅街では夜19時以降は、大きな音を出さない、パーティをしない、大音量で音楽を聞かない」

ということも、前もって言わないとゲストにはわかりません。

ゴミの出し方も、日本のルールを外国人ゲストが理解して実践するのは難しいものです。こちらで仕分けを確認してから、地域のゴミ収集所に出すことをおすすめします。

もしゲストが集団で来て、お酒を飲んでいたら、うるさくしないように気をつけさせたり、騒げるような店を紹介したりするのも手です。お酒を飲みたいゲストには、駅前の居酒屋を紹介します。大音量で音楽を聞きながら飲みたいゲストのなかには、自分で調べて六本木のクラブに行く人もいます。あらかじめリスティングページに「パーティ禁止」と書いておけば、だいたいは守ってくれます。


地域のルールを守って暮らしていれば、普通は、外国人の出入りがあってもクレームを言われることはないでしょうが、外部の人間を受け入れない閉鎖的な地域もあるようです。

気になるならば、事前に菓子折りなどを持って挨拶しておいたほうがいいかもしれません。なかには率先してゴミ捨て場や近所の掃除をして、町内会の活動に積極的に参加し、理解を深めてもらう努力をしている方もいます。

ゲストが道に迷って近隣の住民に道を聞いたり、マンションの階数を間違えて別の家のドアフォンを押してしまったりというケースがあります。見知らぬ外国人がいきなり家のインターホンを押してきたら、不審に思うのも無理ありません。

そのため繰り返しになりますが、わかりやすいチェックイン方法や駅から家までの道順を伝えることが大切なのです。


取材をした中で驚いたのは、近隣の方の理解をえるために住民を招いて、歌を歌ったりするのが好きなゲストにお願いして、楽器を演奏したり、自宅でコンサートを開催しているホストがいたことです。外国人ゲストが生まれ故郷の歌を披露し、近隣の方にも楽しんでもらったそうです。外国人との交流を楽しんでいる様子を町内会の方などに理解を深めたよい事例です。

それでもまだまだ民泊に対する世の中の目は厳しいため、私たち全体で、民泊は世界の人たちに日本の魅力を知ってもらう機会をつくり出していること、ほとんどのゲストは良心的でマナーがあり、問題がないことなどを知ってもらい、理解を深めていきたいものです。

ホームステイ型でなくホスト不在型もある

ホームステイ型の民泊は、自宅の一部を貸すだけで始められるので、誰でも初期投資が少なく、さほどの準備もいらず、案外簡単に始められる利点があります。

しかしホームステイ型には、その「立地」によって予約が入るか入らないかが決められてしまうというデメリットもあります。


これまで紹介したとおり、都心部だけでなく地方民泊拡大の可能性は大いにあります。しかし外国人旅行者はまだまだ都市部を訪れる人が圧倒的に多いのも事実です。

本書を参考に始めてみたものの「まったく予約が入らない」という人もいるかもしれません。ぜひ本書で紹介したテクニックを実践して、売上アップに励んでもらいたいものです。

もしどうしても自宅の立地で難しければ、思い切って、ニーズがありそうな場所に部屋を借りて、外国人旅行者に貸す「ホスト不在型」の民泊を行うのも1つの方法です。ただしその場合、所有者に民泊を行う許可を得なくてはならず、「民泊許可物件」を探すのが難しいのが実情です。また家主不在型民泊の場合も「管理者」を配置する必要がありますので、法整備にどう合わせていくのかも今後の課題となります。

民泊をさらに大きく行うには、旅館業法に従って「簡易宿所」の免許を取得し、ゲストハウスをオープンする方法があります。ただし簡易宿所を始めるにも、消防法が定める規定に従って非常口を設けなければならないなどの規定があります。

このほかに認定を受けて始める方法には、国家戦略特区に指定されているエリア内で、旅館業法の制限を受けずに、特区内の認定を受ける「特区認定民泊」で始める方法があります。

たとえば東京都23区内では、羽田空港からのアクセスがいい大田区でいち早く始まりました。２０１６年８月時点で、特区認定を受けた民泊物件は20と増えつつあります。特区認定民泊は、旅館やホテルと客を取り合わないように「２泊３日以上の宿泊者に限定」して利用が認められるなどの制限があります。

しかしAirbnbなどの民泊サイトだけではなく、じゃらんやブッキングドットコムなどの宿泊予約サイトを使って、広く宿泊者を募ることができます。これは個人宅でこぢんまり始める民泊に比べて大きなメリットです。

簡易宿所や特区認定民泊の認定を取得しているのは、現在は企業が多く、3万円から始められるホームステイ型民泊と比べ、まとまった初期費用が必要です。消防法の許可を得るのにも時間を要しますし、必要な技術や知識も自宅で始めるのとはわけが違います。

自宅でうまくいって、もしくは大きな可能性を感じて、私財を使って本格的にゲストハウスを始めたい方は、「簡易宿所」や「特区認定民泊」を検討してみてもいいでしょう。

☆☆☆☆☆

終　章

民泊って楽しくておもしろい！

民泊が教えてくれる新しい交流の形

本章では、あまりメディアでは報じられていない、民泊のおもしろさ、楽しさ、民泊を始めたからこそわかった新しい世界についてお伝えします。

とくにホームステイ型の民泊では、自宅にいながら、これまで決してつながることがなかった海外からの旅行者との出会いを楽しめます。世界中から趣味や気の合うゲストがわが家にやってきてくれるのは、これまで考えられなかった交流の形です。

またＡｉｒｂｎｂには、ホスト同志がつながることのできるＡｉｒｂｎｂミートアップ（https://www.airbnb.jp/meetups）というサイトがあります。ここでイベントを企画して、近隣のホストを募ってミートアップ（集会）を開催したり、参加したりできます。私も浴衣を来てゲストを交えて盆踊りや夏祭りを楽しむイベントを企画してみたり、ホスト同士、情報交換するミートアップに何度か参加しました。

ホスト同士でつながるのも楽しみ方の１つです。

民泊で人がつながる笑顔の絶えない家

旅行者との交流を楽しむ様子を発信するユニークなブログ「エアログ」を運営する「るってぃ」こと山口塁さん。民泊の始め方から家具のセッティング、どんなゲストが宿泊したかまで、民泊にまつわるさまざまな情報を発信しています。ブログではユニークなホストの部屋に泊まりに行く体験談も公開。その活動はテレビ朝日の「報道ステーション」でも報じられたほどです。

山口塁さんプロフィール

ニューヨーク留学後、国際交流に目覚めた24歳男性／アパレルメーカー、ゲストハウス勤務を経て現職に／情報発信サイト『エアログ』(http://airlog.jp/) ライター／最近は空き家を抱えて困っている人や民泊の運営に悩んでいる人のサポートをするなど、ホストを超えた活動をしている。

――民泊の現状に対する危機感は？

日本人の民泊や外国人に対する考え方はおかしい、このままでは危ないとブログに民泊の現状をありのままに書いたら、反響を呼びました。Ａｉｒｂｎｂで民泊を始めて、いろんな国からやってきた２００人のゲストと出会いました。世界中に友だちができたんです。

でも僕にとってＡｉｒｂｎｂを通して一番収穫があったのは、日本の危うさに気づけたことかもしれません。日本では「なんか外国人がいる。気持ち悪い」と通報されます。信じられますか。これが４年後にオリンピックを開く国の現実です。日本は「やってもいないこと」に対する偏見と批判が強すぎ、保守的すぎます。

――民泊を始めたきっかけは？

ニューヨーク留学から帰ってきて、友人の紹介で始めたゲストハウスのアルバイトで、当時のお客さんにＡｉｒｂｎｂを教えてもらいました。「自分の家がゲストハウスになるのか！」と衝撃を受けたことが始まりです。

Ａｉｒｂｎｂをやっている人の集まりに顔を出すようになり、そこで仲よくなった知人の紹介で、杉並にある築30年以上の空き家を知ったんです。そしたら固定資産税を払うだけでもったいないから、民泊を運営しないかという話がきて、やってみることにしました。家賃は０円。売上の何％かを大家さんに入れています。

民泊は２０１５年の５月に上京してきて、最初に住んだ新宿の１人暮らしの賃貸でもやっていました。ゲストが来たら自分が友人の家に泊まりに行くという感じです。稼働率は新宿ということで、よかったですね。２０１５年の５月には宿泊料は１万円ほどで貸していましたが、競争が激しくなり、どんどん落ちていきました。

――実際に運営してみた感想は？

杉並の空き家では、リビングに僕が住んで、３部屋をだいたい各４０００円くらいで貸しています。月の８～９割くらいは埋まります。最初はアジアの人が多かったんですが、最近は欧米人が多いですね。たまにゲストと一緒にたこ焼きパーティをしたり、駅前の行きつけの居酒屋に繰り出したりします。ゲストが7日間滞在していたら、そのうちの１日くらいのペースです。ゲストといつも一緒ということはありません。

――民泊の魅力は？

Ａｉｒｂｎｂには日本の「現地の人」が介入します。もしゲストがホテルを使っていれば、僕がすすめる明治神宮に行くことはなかったかもしれません。彼らは僕が教えた下北沢や吉祥寺に行って、「渋谷や新宿より、すごくよかった！」と言っていました。現地の国の人が知る「ローカルでおもしろいスポット」を知ることが民泊ではできるんです。

そして世界中に「ただいま」と言える友だちができること。将来の夢は、今までＡｉｒｂｎｂを通して友だちになったゲストに会いに行く世界一周の旅をすることです。

――ホストの宿に泊まる企画というのは？

月に1回、ホストを訪問する企画をやっています。自分がゲストとして、おもしろいホストの家に泊まりに行こうという感じです。たとえば、群馬の年金暮らしの方の家を訪ねたら、すごくおもしろかったんです。Ａｉｒｂｎｂに掲載している家の写真はピンボケしているけど、ゲストはちゃんと入っていて、交流を楽しんでいました。その方は英語は話せないけど、そんなこと関係なく、民泊を通してセカンドライフを楽しんでいましたね。
シニアほど民泊をやるべきです。生活にも余裕ができて、空き部屋も活用できる。日本人の国民性として、英語が話せない、外国へ行ったこともあまりないということがあるから、抵抗があるかもしれませんが、上の世代の人ほど得られるメリットは大きいと思います。ゲストも安心しますしね。

――英語で交流することの魅力は？

英語には敬語がありません。留学をしてみて、大統領にも友だちのように話す感じが魅力的で、本当に誰とでも仲よくなれると思いました。おもしろすぎて、帰国後すぐに大阪のゲストハウスでバイトを始めました。
そこでは、掃除、メールでの予約管理、ゲストがチェックインしたらパスポートの番号を控え、部屋の説明をして、シーツを渡し、夜は飲みに行くのを楽しみました。それで価値観が変わりました。そのときに来たお客さんが、今アメリカでこういうのがあるよって教えてくれたのが、Ａｉｒｂｎｂでした。２０１４年の夏ぐらいです。

――うまく運営できる・できないの差は？

家主不在型の民泊では、うまく運営するのが難しいと感じています。ワンルームの賃貸を借りて、安い家具を入れてという安易な考えが見えます。立地が大事だといわれますが、ホームステイ型に関してはそうではないと思います。

知り合いの部屋も立地は全然よくないけれど、ゲストの予約がバンバン入っています。レビューを見ても、ホームステイ型は内容が濃い。基本的に人が主役なんです。部屋が主役なのはホテルですよ。

たとえば、イラストレーターさんのホストには、自分のイラストとかをリスティングに載せたほうがいいとアドバイスしたら、予約が入るようになりました。エステが本職の人の場合は、マッサージつきにするとか。これからは、ホストが何をしているか、つまり、人が大事なんです。その人の部屋に泊まりたくなるかどうかです。

――Ａｉｒｂｎｂ以外は使う？

使いません。大阪のゲストハウスは簡易宿所の認定を取っているので、楽天などを使うこともありますが、それよりＡｉｒｂｎｂのほうが予約が埋まります。キャンセル率も圧倒的に低いんです。今まで200組以上のゲストを泊めましたが、キャンセルは1組だけです。ホテル中心の宿泊サイトなどは、予約の後にキャンセルがすぐに入ることもあるみたいです。だからAirbnbをきわめるのがベストだと思っています。後はレビューを貯めていくこと。レビューが増えれば宿泊費は上げられます。

――印象的なレビューは？

「あなたのおかげで、日本の旅行が本当に記憶に残るものとなった」と言われると、うれしいですね。2015年の年末に来たオーストラリア人には、「笑顔が絶えない家」「笑顔にならないのが難しい」と書いてもらった。これ以上ないほめ言葉です。本当にうれしかったです。

――何か挑戦しようということは？

つぶれそうなパン屋さんを助けるというプロジェクトを始めました。代々木のパン屋さんで、2階、3階がご主人の持ち家。個室が4部屋あるんですが、倉庫になっていて、全然使っていないんです。民泊を始めれば、ゲストがパンを買って食べてくれるだろうし、地域創生にもつながりそうだと思いました。今ではゲストがほぼ毎日このパン屋で朝食や夕食を食べてくれます。

このパン屋のストーリーを面白がって、ブログを読んだAirbnbホストさんや僕の友人がパン屋に遊びに来てくれます。寂れていたパン屋が外国人と地元の人で溢れるコミュニティスペースに変貌したんです。パン屋の売上も順調に伸びてますし、何よりパン屋のマスターの笑顔が増えてきて、そこにいちばんの幸せとやりがいを感じています。

また私の出身地であるの石川県は、空き家の数が問題になっています。そこをうまく使って地元を創生したいと思っています。

——民泊で注意することは？

民泊を始めるのに恐れないこと。これに尽きます。僕のブログを見て、やりたいと思ってくれたとしても、実際には99％の人がやりません。

布団とWi-Fiさえあれば民泊は誰でもできます。英語ができる、できないは関係ありません。気になるなら、とりあえず「やってみよう」の一言に尽きます。

民泊の実践者からその魅力を聞いてみる

Airbnbの魅力的かつ操作性に優れたデザインにいち早く目をつけたのが、東京・六本木でWEB関連会社を営む楢原一雅さん。楢原さんは2014年6月から事務所兼自宅でホームステイ型の民泊を始めました。始めてすぐに民泊の楽しさに目覚め、ブログ「Airbnb日記」を開始。さらにはゲストとの交流を楽しんでいるホストが集まるコミュニティを立ち上げ、民泊の楽しさや魅力を広く伝えています。

楢原一雅さんプロフィール

友人とWEB関連会社を営む40代男性／大手学習塾勤務を経て独立。ティネクト㈱代表／「Airbnb日記」(http://blog.tinect.jp/?cat=530)を開始。民泊の楽しさなどを綴ったブログは、テレビで紹介されるなどの大人気。フェイスブックでホームステイ型ホストのコミュニティ「We Love Airbnb」を主宰している。

――ブログ「Ａｉｒｂｎｂ日記」のいきさつは？

コンサルティング会社に勤務していた友人とＷＥＢ関連会社を立ち上げました。いろいろと調べていくうちに、ＷＥＢの仕事で大事なのは集客で、スモールビジネスをスタートさせるのに、ブログが一番簡単だったことからテーマを決めずに書き出したのが始まりです。身の回りのことしか書けないので、共同経営者はビジネスのことを、私は今体験しているＡｉｒｂｎｂのことなどを綴っています。

――Ａｉｒｂｎｂを始めたきっかけは？

私たちはＷＥＢでは家庭教師のマッチングサービスをつくったのですが、それを始めるにあたり、クラウドワークスやＤｒｏｐｂｏｘなど海外の人気のＷＥＢサイトを研究していて、目にとまったのがＡｉｒｂｎｂでした。サイト自体のつくりが、めちゃめちゃ魅力的だと思ったんです。

調べていくと、つくっているのはデザイナーの2人でした。自分もデザインをやっていたので、ピンときました。アイデアが突出していたのです。最初は、住んでいる家を貸すなんてできるわけがないと思ったけれど、アメリカではすでにブレイクしていて、日本でもできると思ったんです。

サービスの仕組みに興味があって、当時住んでいた東京・成増の家で登録して民泊をやってみました。その前に江東区門前仲町のＡｉｒｂｎｂの宿に泊まりに行ったら、旅行気分を味わえて新鮮でした。詳しく話が聞きたいと思って取材をしたら、家賃9万円のところで民泊の売上が12万〜13万円になるというのです。

調べていくうちに、Ａｉｒｂｎｂの大ファンになりました。タイから来たゲストの女性デザイナーがつくっている紙のバッグがとても素敵だったので、彼女の活動を応援して、いっしょにパソコンを入れるバッグをつくって販売したこともあります。

Ａｉｒｂｎｂは人々の善意を信じて、それを気持ちよくやりとりできるサービスです。さらにそれを世界中に広めようとする勇気と野望を持ったＡｉｒｂｎｂが大好きです。自分もこんな仕事ができたらいいなって思います。


――東京というだけで外国人には魅力的？

東京の知らない人の家に泊まって、「東京は東京ということだけで価値がある」と思って、またピンときました。本当にすごいと思うのは、有名なエリアじゃなくても、東京にはありとあらゆるところに飲食店がたくさんあることです。

たとえばグルメサイト「食べログ」は、日本語だけではなく多言語に対応しているので、六本木から麻布周辺の飲食店でおすすめのお店の情報をゲストにメッセージで送ります。グーグルマップで位置を示すことも。それだけですごく喜ばれます。

東京の街はグルメだけでなく、ショッピングをするにも整っていて、圧倒的にきれいで安全、気候も温暖です。「TOKYO」は世界でもおそらく5本の指に入るであろうすごい都市。多くのゲストがかなりの憧れを持って、東京に来ていることに気づいたのです。

――麻布の一軒家で始めた経緯は？

成増で最初は宿泊費1000円とか1500円で始めたのが、思った以上に人が来たんです。今度は一軒家で本格的に始めたいと考え、2年前、不動産屋さんを7、8軒回りました。当時は不動産屋さんに民泊をやりたいと言っても話が通じません。Airbnbの仕組みも知られていなかったんです。

だから仕方なくインターネットで今の家を見つけました。賃貸で家賃15万円、交渉してちゃんと民泊をやってもいいという許可を得ました。近隣に挨拶に行き、理解も得ています。麻布で1年間民泊をやっていて、問題がないということを近隣の方は、理解してくれています。ホームステイ型でやっていて私の管理の目が届くので、とくに問題ありません。近隣の人も、問題がなければ何も言いません。

――民泊を始める人が増えるとどうなる？

2年前は宿泊料が7000～1万円でも予約が入りましたが、今は5000円以上だとなかなか難しくなりました。3000～5000円が平均的。

でもこれはむしろ正しいことです。ブームになる前から民泊をやっている人たちのなかには「ライバルが増えると稼げなくなる」と考える人もいますが、それはホストの都合です。ゲストにとってはいろんな物件が増えることで価格が下がり、よりよい物件も増えていくので、民泊を始める人が増えることは、実はいいことなんです。

――繁忙期と閑散期がある？

3月はピークです。通常の10倍問い合わせがあります。アパホテルでも3月は1泊

3万円。だから繁忙期は価格を上げていいんです。閑散期は6月です。でも香港の人が続けて来てくれています。閑散期はチケットが安いため、この時期だからこそ、来てくれる人もいます。

夏はまた繁忙期ですね。最近思うのは、夏は日本人で宿が埋まっているから、Airbnbに旅行客が流れてくるのではないかと。シルバーウィークのときもそうですね。その後、紅葉シーズンも人が来ます。桜と紅葉の時期は人気です。12月から2月は閑散期と言われていますが、12月の30日、31日は1年で一番問い合わせがきます。2〜3倍の宿泊料でも予約が入ります。

――ホームステイ型民泊のメリットは?

もともと民泊は利ざやが薄いんです。賃貸物件を借りてやるなら、あまり儲けにならないですね。自宅でやらないと絶対にだめ。ホスト不在型の場合、労力の割にはビジネスとして捉えたらあまりおいしくはありません。

その点ホームステイ型は、自分の家でパッパッパッと登録して始められます。3月、4月は売り上げが2〜3倍見込めます。ただし、月10万〜15万円入ればいいでしょう。

だいたい家賃ぐらいの金額が入ればいい。それが市場原理です。安い家賃のところでは、民泊でもそれなりの収入にしかなりません。家賃が安いということは、立地が悪いなどのデメリットがあるはずです。

これからは地方での可能性が高くなります。一時期、弟に頼んで、九州の実家でも民泊をやってみたことがあります。最初は戸惑っていた両親も、ゲストのために食事を用意するなど、楽しんでいました。

――英語ができなくても大丈夫？

私も最初は英語ができませんでした。グーグル翻訳を使えば、英語が話せなくても意外と通じますし、なんとかなります。でも続けていくうちに、ゲストともっと話したいし、正しい英語を身につけたいと思いました。今はコミュニティサイト「ストリートアカデミー」で個人の英語の先生を探して週に一度、２５００円で習っています。

――ゲストからのレビューについて

最近は10でも少なく見えますね。やはり１００を目指すことです。でもサクラを使ってまでしてレビューを増やす必要はありません。市場原理にまかせ、そしてユーザーにまかせること。Ａｉｒｂｎｂでは宿泊料を最低１０００円まで安く設定できるので、レビューが貯まるまでは宿泊料をできるだけ安くしていいでしょう。

――ホストたちのコミュニティって？

僕と山口塁さん（１８９ページ）で、自宅で民泊をやっているホストを集めて、フェイスブックのコミュニティ「We Love Airbnb」を立ち上げました。２カ月で４００名が集まりました。各地方で旗をあげて集まっている人もいます。

Ａｉｒｂｎｂの集まりにもいろいろあります。稼げる場所が知りたい人など不動産系の集まりもあります。でも私たちがしたいのは、「どんなおもしろいことをやっているの？」という話。「それが知りたい！」という場をつくろうと思いました。

――民泊が向いている人、民泊に必要なものは？

コミュニケーション能力ですね。民泊だけでなく、ビジネスでもそうですね。後は最低限の英会話。家はどこでも、ワンルームでもできます。年齢、職業は問いません。

パソコンを持ってくる人が多いので、ハウスＷｉ‐Ｆｉは必要だけれども、モバイルＷｉ‐Ｆｉはいりません。それは個人的に契約してくるゲストが多いですね。

部屋は和室でも洋室でも、布団でもベッドでもどっちでもいい。私は布団のほうが融通が利くので好きですけどね。狭い部屋だとベッドを置いたらスペースが半分使えなくなりますが、布団なら片づければ広く使えます。

自宅で始めるのなら、部屋をコーディネートしなくても、ホストの個性がにじみ出ているから、そのままでいい。それがホームステイ型民泊の魅力です。代行業者も清掃業者も必要ない。独自に清掃料を設定して清掃料を取れるのもＡｉｒｂｎｂの魅力です。自分で自分の仕事をつくることができるんです。

――今後の展望は？

こんなに楽しいことはないので、同じようにＡｉｒｂｎｂの楽しさを共有できるホストを増やしたいですね。ホスト同士で集まる「ミートアップ」の場を増やしたい。

全国にホストが増えたら、自分が旅行しやすいですしね。趣味がスキーや山登りなので、民泊を使って全国各地に旅ができたら、絶対に楽しいと思います！

おわりに

この本の原稿を執筆中、ニューヨークからフリーランスのビデオディレクターの男性がわが家に滞在しました。東京にとある番組の撮影のために来ていたのです。彼はカメラを片手に取材をしたり、台本を書いたり、撮影した映像を編集したりする仕事をしています。仕事は刺激に満ちていて、エキサイティングだと話していました。

「私の仕事の楽しさの原点も同じだ……」

ハッとさせられました。

姿かたちがゼロの状態からモノをつくりだすときの、何にもとらわれていない自由さ。取材を通して、伝えるべき情報の輪郭が出きつつあるときのワクワクする感じ、これだと思ったら夢中になって、寝食を忘れて原稿を書いていること。自分がエキサイティングな仕事をしていることに改めて気づきました。そうして仕事への意欲がますます湧き、ワクワクしながら取材を重ね、この本を書き上げました。

こうした出会いや発見は、民泊を通して、あなたにも起こりうることです。世界191カ国から、ゲストとホストを結ぶAirbnbによって、これまでの常識では考えられなかった出会いが大切なことに気づかせてくれるはずです。

それはきっとお金には代えられない、かけがいのない経験と価値になるでしょう。

一つ、注意点があります。民泊に関する議論は、日々刻々と変化を続け、一部では旅館業法違反として逮捕者が出る騒ぎとなっており、民泊新法の制定が急がれています。本書は、2016年9月現在の情報を元に執筆しています。新法や自治体のルールの遵守や近隣住民への配慮をくれぐれも徹底してください。

本書をきっかけに、ホームステイ型民泊のあまり伝えられてこなかった「楽しさ」「魅力」など明るい面を知っていただければ幸いです。この本がみなさまの抱える空き部屋や空き家を有効に活用し、毎月わずかでも副収入を得ることにつながれば、うれしく思います。

【著者】
高橋洋子
暮らしのジャーナリスト・ファイナンシャルプランナー
暮らし研究所エメラルドホーム代表
1979年岐阜県生まれ。情報誌の編集、フリーライターを経て現職。空き家をリノベーションし、安くマイホームを購入。その家で話題の民泊に挑戦。ホームスティ型民泊を始めようと民泊サイトに登録後、30分で3組の予約問い合わせがあり、民泊の大いなる可能性を実感。空き家の有効活用の１つとして、民泊の魅力を伝えている。
著書『100万円からの空き家投資術』（WAVE出版）、『家を買う前に考えたい！リノベーション』（すばる舎）、『最新保険業界の動向とカラクリがよ～くわかる本』（秀和システム）。
AFP、FP、ファイナンシャル・プラニング技能士2級、住宅ローンアドバイザー、整理収納アドバイザー2級。
ホームページ :http://emeraldhome.sakura.ne.jp/

3万円からの民泊投資術

2016年10月15日　第1版第1刷発行

著　者　高橋洋子
発行者　玉越直人
発行所　ＷＡＶＥ出版
〒102-0074　東京都千代田区九段南 4-7-15
TEL 03-3261-3713
FAX 03-3261-3823
振替 00100-7-366376
E-mail: info@wave-publishers.co.jp
http://www.wave-publishers.co.jp
印刷・製本　萩原印刷

NDC673 207p 19cm
ISBN978-4-86621-017-9